U0814280

企业集团公司多级职代会

—实务手册—

编著——周永宝

中国工人出版社

前言

当前和今后一段时期，我国国企全面深化改革的目标任务是完善国有资产管理体制，加快国有经济布局优化、结构调整、战略性重组，促进国有资产保值增值，推动国有资本做强做优做大，推动其成为具有全球竞争力的世界一流企业。在这一过程中，加强企业集团公司管控制度的改革，加快现代企业制度完善法人治理结构，将是本轮改革两个非常鲜明的特征。

职工代表大会（以下简称职代会）是具有我国特色的企业民主管理制度，推进国有集团公司管控制度的深化完善，以职工代表大会为基本形式的民主管理制度不可或缺。本书依据《企业民主管理规定》和《中华全国总工会关于推行企业集团职工代表大会制度的意见》等政策文件规定，结合基层单位实践，以问题需求为导向，从企业集团公司健全完善多级职工代表大会制度的实务操作角度进行了梳理归纳，为企业集团公司健全完善民主管理，促进企业科学管理、构建和谐劳动关系提供帮助和参考。

本书问答部分，主要就企业集团公司推进建立健全职工代表大会制度的基本要求、建制范畴、原则把握，以及集团公司职工代表大会与所属基层企业职工代表大会制度之间的关系处理、职权界定、组织制度、工作制度等方面予以阐述，力求通俗易懂。

本书案例部分，主要从企业集团公司多级职工代表大会制度如何纳入企业集团公司管控制度体系、如何在职工代表大会会议期间与闭会期间发挥作用、如何在企业改革调整中上下联动协同发挥好作用，以及如何与集体协商制度有机整合有效化解薪酬分配矛盾等方面精选了五个案例，力求贴近实际。

本书编写过程中，得到了中华全国总工会基层工作部领导及薛涛、钱鑫、尚薇、张雯等多位同志的帮助指导，并提供了对本书非常有益的珍贵资料和素材；同时也得到了宝武集团、中建八局、上药集团股份公司相关领导的鼎力支持，在此一并深表感谢！

囿于本人的能力，书中定有不足之处，恳请读者批评指正。

编　者

2022 年 1 月

目录

第一部分　企业集团公司职工代表大会知识问答

第二部分 企业集团公司职工代表大会案例及评析

第三部分 相关政策文件

第一部分

企业集团公司职工代表大会知识问答

01 企业集团公司的产生发展与我国职工代表大会制度有什么内在联系?

企业集团公司是指为了一定的目的而组织起来共同行动的团体公司，是以资本为主要联结纽带，以母子公司为主体，以集团章程为共同行为规范，并由母公司、子公司、参股公司及其他成员共同组成的企业法人联合体。

企业集团公司是一种以母子公司关系为基础的垂直型组织体制，其本身具有独立的法人资格，采取法人产权制度形式组成有限公司或股份有限公司。集团母公司是企业集团的核心企业，具有独立、有限的民事责任能力，它以股权产权为纽带，垂直向下控制其所属的基层单位。

企业集团公司的产生，主要源于两方面：一是社会化大生产对企业的有限经营规模提出了严峻挑战，通过企业集团公司管控更大的资产和更宽泛的业务，使企业的规模得到扩张，业务得到拓展。二是日趋激烈的市场竞争对企业抵御风险的能力提出挑战，通过实现企业集团公司核心竞争力的打造和强化，实现多项业务之间的战略协同，使企业市场的整合功能充分彰显，竞争力不断提高。

发达国家企业集团公司的发展以美国和日本最为典

型，代表了东西方企业集团公司的演变过程。我国企业集团公司是改革开放的产物，产生于 20 世纪 80 年代，即计划经济向社会主义市场经济转轨的初期，经历了初建、试点、深化、做大做强等不同阶段。时至今日，随着全球经济一体化的深入，我国企业已经并将继续面临来自海内外各种各样激烈的竞争，这就需要加强企业集团公司管控制度和体系建设，强化企业综合实力和竞争能力，使集团公司这座“航母”能在激烈的市场竞争中立于不败之地。因此，集团公司管控制度和体系，将是我国企业生存和发展的底线和基础。

我国企业职工代表大会是具有中国特色的企业民主管理制度，具有审议建议、审议通过、审查监督等职权内容，涉及企业发展、生产经营、科学管理、薪酬福利、干群关系和企业文化等诸多内容。而管控制度和体系所涉及的部分内容，又与职工代表大会职权内容相互交织，密不可分，它们之间存在着密切的内在联系。所以，发展壮大企业集团公司，必须研究职工代表大会制度在其中的功能定位，并使这一制度在促进企业集团公司发展中更好地发挥作用。

02 当前形势下，推进企业集团公司多级职工代表大会制度有哪些现实意义?

（1）推行企业集团公司多级职工代表大会制度是健全完善我国特色现代企业制度的需要。《国务院办公厅关于进一步完善国有企业法人治理结构的指导意见》明确指出，要从国有企业实际情况出发，以建立健全产权清晰、权责明确、政企分开、管理科学的现代企业制度为方向，积极适应国有企业改革的新形势新要求。要健全以公司章程为核心的企业制度体系，严格规范履行包括职工代表大会在内的企业党组织、出资人职责机构、股东会、董事会、经理层、监事会等权责，强化权力责任对等，保障有效履职，以进一步提升国有企业运行效率。当前，企业集团公司面广量大，既有为数众多的中央企业和子企业，也涉及各省区市以及下辖地区大型国有及国有控股集团公司，外加诸多的大型外资、民营集团公司。推进这些企业在现代企业制度建设中将多级职工代表大会制度融入法人治理结构，成为集团公司管控制度和体系的重要组成部分，以规范企业各个主体职责，将是各级党政工组织必须重视研究的课题。

（2）推行企业集团公司多级职工代表大会制度是国有企业深化改革的需要。习近平总书记明确指出，国企改革的成败关乎经济全局、民众利益，要求把国企做大做强做优，维护职工群众合法权益。当前和今后一段时期，我国国有企业改革主要方向是加快国资与产业联动调整，优化国资布局和结构，并通过深化改革、优化调整、创新发展，推动国有企业逐步朝着国家安全、国民经济命脉、国计民生行业和关键领域、重点基础设施集中，向具有前瞻性战略性的产业集中，向具有核心竞争力的优势企业集中。在这一过程中，由集团母公司主导并决策管控的战略重组和产业结构调整必将成为常态，而这种自上而下的改革调整必将涉及集团公司和所属基层各个层面的干部职工；同时，又由于改革调整的难易不同，部分改革方案将分步骤、分层级逐步实施，其间，就需要通过搭建集团公司和基层单位每一层级职工代表大会制度的上下联动，有序有效地解决改革调整中职工劳动关系或工作岗位变更，以及薪酬福利、劳动规章制度等诸多事宜。

（3）推行企业集团公司多级职工代表大会制度是企业安身立命、自我发展的需要。任何一家企业的发展，都需要“两条腿”走路，一是打造受市场欢迎并能经受住激烈竞争的核心产品，二是科学有效的管理，两者的核心要义便是对人的主观能动性的激发。企业民主管理既是企业科学管理的重要组成部分，又是企业研发核心“拳头”产品、打造企业核心竞争力的关键和基础。企业民主管理作为中国特色现代企业制度的重要特征与重要内容，需要企业经营管理者充分认识并予以重视。通过企业民主管理，调动干部职工的积极性、创造性和主动性，是实现企业可持续发展的重要因素，集团公司同样如此。由于集团公司具有规模普遍庞大、组织结构复杂、管理层级较多、职工队伍分散、跨地区跨产业经营等特征，要求集团公司的管控制度必须科学民主、规范有序，而集团公司多级职工代表大会制度便是题中应有之义。

03 企业集团公司建立职工代表大会制度有哪些法律政策依据？

（1）在法律制度方面。《中华人民共和国公司法》（以下简称《公司法》）第二条明确规定，“本法所称公司是指依照本法在中国境内设立的有限责任公司和股份有限公司”。因此，我国的中央企业、各省区市及所属地区的国有集团及控股公司，以及众多非公有制企业集团公司都是按照《公司法》的要求建立的法人企业，其行为受《公司法》约束。《公司法》第十八条第三款明确规定，“公司研究决定改制以及经营方面的重大问题、制定重要的规章制度时，应当听取公司工会的意见，并通过职工代表大会或者其他形式听取职工的意见和建议”。《中华人民共和国劳动合同法》（以下简称《劳动合同法》）第四条第二款规定，“用人单位在制定、修改或者决定有关劳动报酬、工作时间、休息休假、劳动安全卫生、保险福利、职工培训、劳动纪律以及劳动定额管理等直接涉及劳动者切身利益的规章制度或者重大事项时，应当经职工代表大会或者全体职工讨论，提出方案和意见，与工会或者职工代表平等协商确定”。《中华人民共和国外商投资法》第六条规定，“在中国境内进行投资活动的外国投资者、外商投资企业，应当遵守中国法律法规，不得危害中国国家安全、损害社会公共利益”；第八条规定，“外商投资企业职工依法建立工会组织，开展工会活动，维护职工的合法权益。外商投资企业应当为本企业工会提供必要的活动条件”。因此，不管是国有及国有控股的集团公司，还是民营、外资的集团公司，其本质都是依照我国法律规定建立的企业，建立职工代表大会等民主管理制度是企业依法应当遵守的行为规范。

（2）在法规政策方面。2012 年，中共中央纪委、中共中央组织部、国务院国有资产监督管理委员会、监察部、中华全国总工会、中华全国工商业联合会制定的《企业民主管理规定》第十六条规定："集团企业的总部机关和各分公司、分厂、车间以及其他分支机构可以按照一定比例选举产生职工代表，召开集团企业职工代表大会，实行企业民主管理。集团企业的总部机关和各分公司、分厂、车间以及其他分支机构，按照本规定建立职工代表大会制度，在各自的职权范围内分别开展民主管理活动。"与此同时，为了进一步规范企业集团公司多级职工代表大会制度，全国总工会在总结各地和基层单位经验的基础上，又于2020年制定并下发了《中华全国总工会关于推行企业集团职工代表大会制度的意见》，专门就推行企业集团职工代表大会制度的重要意义、基本原则、工作要求、企业集团职工代表大会的职权，以及加强组织领导、强化分类指导、统筹谋划落实等方面提出了明确而具体的要求。这里需要着重强调的是，这一制度文件所称的企业集团是指按照《公司法》要求建立的法人企业。

注意：国务院国资委的相关制度文件也对中央企业实行职工代表大会必须坚持的原则、职权内容、职工代表的结构和权利义务、职工代表大会运行的基本程序、职工代表大会的主要工作制度、职工代表大会与法人治理结构的关系，以及如何加强组织领导和明确责任分工、搞好协调配合等提出了明确的要求。与此同时，上海、北京、四川、江苏、广东、重庆等省市工会也联合组织部、国资委等相关部门共同就推进集团公司多级职工代表大会制度下发文件作出规定，并以典型引路的方式稳步推进国有及非公有制企业集团公司多级职工代表大会制度建设，探索形成了很多有益的成果。

04 推行企业集团公司多级职工代表大会制度存在哪些问题和挑战？

在各级党政工组织重视支持、协同配合下，企业集团公司多级职工代表大会制度建设取得了积极成效，中央企业及全国各省区市也都形成了一部分具有可复制、可推广的典型经验。但总体而言，企业集团公司多级职工代表大会在建制和规范运行方面还存在着需要重视和亟待解决的问题：

（1）部分企业集团公司在建立健全现代企业制度过程中存在着企业市场主体地位尚未真正确立，公司法人治理结构尚不健全完善，企业管理不规范、国有资产流失等问题，这其中就有企业集团公司层面缺失民主管理和职工群众监督等机制问题。因此，在进一步加强企业党组织管党治党责任、完善国有资产监管体制、提高企业集团公司资本运行效率等过程中，如何把企业集团公司多级职工代表大会以及其他民主管理制度有效嵌入其中，是各级党政工组织应当思考的问题。

（2）存在着是否应当在企业集团公司层面建立职工代表大会制度的思想认识误区。有人认为，职工代表大会主要负责讨论审议涉及职工切身利益的微观事项，而集团公司主要是涉及战略规划、重大投资等较为宏观的重大事项，因此，只要在包括集团公司本部及基层单位建制即可，没有必要再建立集团公司层面职工代表大会制度。同时，也有人担心基层职工代表素养，认为让他们来讨论审议集团公司层面的重大决策事项，以及民主评议集团公司领导人员，存在是否能拿捏得准，是否会影响集团公司的效率等问题。因此，集团公司层面职工代表大会的建制缺口较大，中央企业和各省区市及所属地区的国有及国有控股企业，仍然有一些单位尚未建立集团公司层面职工代表大会制度，外资、民营企业建制缺口更大。部分已建立集团公司层面职工代表大会制度的单位存在着运行不规范现象，个别单位不能保证每年都定期召开职工代表大会；有的单位则以行政工作会议或工会会员代表大会，甚至是集团公司本部职工代表大会来取代；也有部分单位职工代表大会的五项职权落实不到位，涉及职工切身利益的集体合同或专项集体合同，以及职工薪酬福利待遇等方案与基层单位雷同，搞形式、走过场的现象较为普遍；有的单位甚至取消了民主评议职权等，由此影响了基层单位职工代表大会制度的效能。此外，还有部分民营、外资企业和个别国有集团公司则以集团公司职工代表大会取代基层单位职工代表大会，给职工民主管理和构建和谐劳动关系带来较大隐患。职工代表大会是具有我国特色的企业民主管理制度，是企业法人治理结构中不可或缺的主体，企业集团公司作为按照《公司法》要求建立的企业主体，于法于理都应当建立这一制度，并根据各企业集团公司的特性，规范实施职工代表大会制度。这对集团公司来说，既是尊法守法的基本要求，也是完善企业管理制度体系，调动包括职工群众在内的干部职工积极性、主动性和创造性的重要载体，需要广大企业党政干部和经营管理者充分认识其重要性。

（3）集团作为企业母公司，由于其组织规模庞大、企业管理层级较多、职工队伍庞大、涉及诸多领域，所以，职工代表大会制度如何与时俱进，以更好地适应集团公司管控模式和现代企业管理制度面临着严峻的挑战。这主要表现为：集团公司与基层单位职工代表大会的关系以及各层级的职权、运行规则如何科学区分；集团公司职工代表大会如何有效管控所属各基层单位的民主管理和构建和谐劳动关系；集团公司职工代表大会与集团公司的法人治理结构各主体之间的关系如何处置；职工董事和职工监事应当如何对集团公司职工代表大会负责并切实有效发挥应有作用等。这些问题需要各级党政工组织和有关方面认真研究，努力寻求破解之道。

05 建立企业集团公司多级职工代表大会制度需要遵循哪些原则?

推进企业集团公司建立多级职工代表大会制度，应当遵循下列原则：

（1）坚持加强党的领导原则。要坚持以习近平新时代中国特色社会主义思想为指导，认真贯彻落实党的基本理论、基本路线、基本方略，坚持党委统一领导，坚持重大问题事前请示，坚持全心全意依靠职工办企业，在党组织的统筹协调下推进企业集团公司和所属基层单位职工代表大会制度建设，确保集团公司职工代表大会制度建设沿着正确的方向发展。

（2）坚持依法有序推进原则。要依照相关法律法规，推动符合建制条件的企业集团公司建立职工代表大会制度，保证职工通过企业集团公司和所属基层单位等多层级职工代表大会行使民主管理权力。不能以企业集团公司本部职工代表大会替代集团公司职工代表大会，也不能以集团公司职工代表大会取代所属基层单位职工代表大会。在此基础上积极推进制度化规范化建设，使企业集团公司职工代表大会制度更加健全、运行程序更加规范、作用发挥更加有效。

（3）坚持融入公司治理原则。要推动企业集团公司在制定公司章程时，落实职工代表大会在公司治理结构中的地位，明确其主体权责，并与其他公司治理主体有效衔接。要以企业集团公司职工代表大会为牵引，建立与企业管控模式相适应、上下配套、层次清晰、各司其职、独立运行的企业集团公司内部多层级职工代表大会制度，把民主管理制度融入企业生产经营管理活动之中，推动加快完善中国特色现代企业制度。

（4）坚持协同联动推进原则。企业集团公司职工代表大会的内容要更加侧重涉及企业集团公司改革发展的全局性、根本性、指导性的重大事项，以及涉及职工切身利益带有普遍性、倾向性的重大问题。所属基层单位要在遵循企业集团公司职工代表大会基本原则基础上，从本单位实际出发，细化和完善本单位职工代表大会制度。要准确把握和处理上下级职工代表大会之间的关系，充分发挥企业集团公司内各层级职工代表大会的职能作用。

06 哪些企业集团公司需要建立职工代表大会制度?

在中央企业和各省区市及所属地区的企业集团公司中，既有传统制造业的企业，也有跨地区或跨行业的企业，更有涉及科技、生物、电子信息等高科技领域的企业，同时也有少部分投资贸易型企业等。但不管何种类型的企业集团公司，只要对所属基层单位有下列管理职能的，都应当建立职工代表大会制度：（1）对所属基层单位重大决策、经营管理方面拥有决定权和重要影响力的；（2）对所属基层单位在人力资源、劳动规章制度、薪酬福利制度等方面拥有决策和管理权的；（3）对所属基层单位在干部人事制度等方面拥有决策和管理权的。

07 企业集团公司总部以外区域的基层单位是否应当参加企业集团公司职工代表大会?

职工代表大会是企业管理制度的重要组成部分，其讨论审议或通过的事项，必然会对企业和职工产生重要影响。而企业集团公司作为整个集团系统的母公司，集团的经营理念、发展规划和重大决策、重要规章制度、涉及职工切身利益的重要事项，以及发展集团系统和谐劳动关系的总体要求和具体措施，都需要包括企业集团公司职工代表大会在内的制度平台讨论审议和确定，然后在整个集团系统的每个基层单位推行和实施。而这些重要制度和事项的确定是否合法合理，是否符合基层单位的实际并能够切实有效地执行，是需要包括基层单位在内的每个层面的干部职工广泛参与才能得以实现的。因此，企业集团公司所属基层单位不管其经营或生产地是在企业集团公司总部所在地还是在外地省市，甚至境外，都应当参加企业集团公司职工代表大会。

然而，企业集团公司职工代表大会制度的运行又和企业集团公司对所属基层单位的管理方式有着密切联系。目前，从中央企业和各省区市及所属地区的情况来看，企业集团公司对所属基层单位的管理方式主要存在两种情况，一是企业集团公司对全部所属基层单位都实行紧密型的直接管理，即在企业的重大决策和经营管理、人事制度、薪酬福利制度等方面都由企业集团公司层面制定，基层单位全部遵照执行；二是企业集团公司对在总部的基层单位或部分外地省市的基层单位实行紧密型管理，而对其他部分较为偏远省市的基层单位则实行宽松式管理的方式，即企业集团公司主要以投资回报为主，而企业的经营决策、人事制度、薪酬福利、劳动规章等事项则由基层单位根据当地政府和党政工的要求以及企业实际情况予以确定，企业集团公司或者部分对基层单位内部管理施加影响，有的甚至基本上不产生影响。

针对上述情况，基层单位参加企业集团公司职工代表大会也应当区别对待。对企业集团公司实行紧密型管理方式的基层单位，应当参加企业集团公司职工代表大会，并通过集团公司和基层单位多级职工代表大会制度协调利益矛盾，畅通职工参与企业管理的制度渠道。反之，实行宽松式管理的基层单位，则可以不参加或选派少部分代表参加企业集团公司职工代表大会。

08 企业集团公司职工代表大会的建制要求是否适用非公有制企业的集团公司？

企业集团公司职工代表大会的建制要求适用非公有制企业的集团公司。首先，非公有制企业的集团公司其本身就是法律法规要求建立职工代表大会制度的企业。其次，推进建立企业集团公司职工代表大会的目的是让企业和职工在集团公司和基层单位不同层面上共同参与企业管理，以促进企业和职工在和谐民主的环境中责任共担、利益共享、共同发展。而这一目的同样适用于非公有制企业的集团公司。最后，非公有制企业的集团公司对所属基层单位在发展和谐劳动关系、协调企业和职工利益矛盾、确定职工“三最”利益重大事项、制定自上而下的劳动规章制度等方面，同样具有指导、规范、管控和制约作用。由此而言，企业集团公司职工代表大会的建制要求对非公有制企业的集团公司是恰当可行的。

非公有制企业的集团公司与国有及国有控股集团公司职工代表大会的区别在于职权内容的确定。非公有制企业集团公司可以按照非公有制企业职工代表大会职权内容确定本集团公司职工代表大会的职权事项，这主要体现为：

（1）听取企业集团公司主要负责人关于企业集团公司发展规划、年度生产经营管理情况，企业集团公司改革和制定重要规章制度情况，企业集团公司及所属基层单位用工、劳动合同和集体合同签订履行情况，企业集团公司及所属基层单位安全生产情况，企业集团公司所属基层单位缴纳社会保险费和住房公积金情况等的报告，职工代表可提出意见和建议；审议企业集团公司制定、修改或者决定的有关劳动报酬、工作时间、休息休假、劳动安全卫生、保险福利、职工培训、劳动纪律以及劳动定额管理等直接涉及劳动者切身利益的规章制度或者重大事项方案，职工代表在审议基础上，应当提出意见和建议。

（2）审议或审议通过企业集团公司集体协商规则，审议通过企业集团公司集体合同草案，审议企业集团公司按照国家有关规定提取的职工福利基金使用方案、住房公积金和社会保险费缴纳比例的调整方案、企业集团公司层面劳动模范的推荐人选等重大事项。

（3）选举或者罢免企业集团公司职工董事、职工监事，选举依法进入破产程序企业集团公司的债权人会议和债权人委员会中的职工代表，根据授权推荐或者选举企业集团公司经营管理人员。

（4）审查监督企业集团公司及所属基层单位执行劳动法律法规和劳动规章制度情况，按照企业集团公司要求民主评议企业领导人员，并提出奖惩建议。

（5）法律法规规定的其他职权。非公有制企业集团公司除应当履行有别于国有及国有控股集团公司职工代表大会职权外，职工代表大会的组织制度、议事规则、职工代表管理办法、职工代表大会工作制度等与国有及国有控股集团公司基本相同。

09 召开企业集团公司职工代表大会，其重点工作有哪些？

（1）成立领导小组。领导小组主要负责人应当由企业集团公司党委、行政和工会主要领导担任，其工作职责是研究确定本届职工代表大会的目标任务、重要制度、运行规则等重大事项。

（2）成立工作专班。结合企业集团公司实际，领导小组下设若干工作小组，这些小组分别为职工代表资格审查小组、组织秘书组、宣传会务组等，负责企业集团公司职工代表大会的各项筹备事宜。

（3）制定或修订企业集团公司职工代表大会实施办法，明确企业集团公司职工代表大会的目标任务、组织制度、职权内容、议事规则、工作制度和工作机构等，同时明确企业集团公司与所属各层级职工代表大会的关系，并对各企业职工代表大会制度规范化建设提出工作要求。

（4）制定职工代表大会筹备方案。明确企业集团公司本届职工代表大会的具体届期、职工代表比例结构、产生办法、主席团的设置、民主管理专门委员会（小组）的设置、代表团（组）的划分等。

（5）根据企业集团公司及各基层单位的实际，制定职工代表的选举办法，并组织各基层单位选举职工代表。职工代表资格审查小组对代表资格进行审查。

（6）组织培训职工代表，划分职工代表团（组）。

（7）协商确定职工代表大会主席团成员、大会执行主席人员、民主管理专门委员会（小组）等成员建议名单。

（8）协商确定本次企业集团公司职工代表大会的议题和议程安排。

（9）起草本届职工代表大会筹备工作报告、代表资格审查报告。

（10）研究并起草企业集团公司集体协商规则、集体合同及专项集体合同、其他需要提交职工代表大会审议或审议通过的方案草案，以及需提交大会审议的相关工作报告等材料。

（11）落实其他相关工作。

上述（7）（8）（9）相关事项及材料，应当提交企业集团公司职工代表大会预备会议通过。

10 企业集团公司党委、行政、工会对职工代表大会制度分别有哪些职责?

（1）企业集团公司党委负有领导和推进责任。企业集团公司党委应加强对企业集团公司职工代表大会的领导，保证和督促职工代表大会按时换届、正常召开，教育和培育集团公司领导人员增强民主意识，尊重和保障职工的民主权利。

（2）企业集团公司行政负有建立职工代表大会制度并保障其运行的责任。集团公司行政应当依法建立健全企业集团公司职工代表大会制度，保障职工代表大会依法行使职权，保障职工代表依法享有知情权、参与权、表达权和监督权，并从管理费用中列支职工代表大会的经费。

（3）企业集团公司工会负有日常运作和具体实施职工代表大会决议的责任。企业集团公司工会是企业集团公司职工代表大会的工作机构，负责职工代表大会筹备和组织、职工代表选举、职工代表大会闭会期间的决议落实、职工代表大会提案办理和日常民主管理等相关工作；同时，还负有对企业集团公司多级职工代表大会制度规范化建设的督促落实等职责。

11 企业集团公司职工代表大会的届期是如何规定的？职工代表大会因故需要提前换届或延期换届应该怎么处理？

企业集团公司职工代表大会每届届期为 3 年至 5 年，具体届期由各企业集团公司党政工协商确定，并在职工代表大会实施细则或办法中予以明确。企业集团公司应当每年至少召开一次职工代表大会。企业集团公司党政工组织要合理规划职工代表大会的会期、内容，要切实有效地与董事会、年度工作会议等有机衔接。

企业集团公司职工代表大会应当按期换届，以保证职工代表大会的合法性。不按期换届或长期不换届，会导致职工代表人数下降、结构比例失衡，其代表性和合法性就会受到影响。在实践中，有些企业集团公司对职工代表大会换届问题没有给予足够重视，甚至出现已超过届期的职工代表大会仍然在审议通过相关事项的问题，这自然会遭到职工的质疑和反对，并留有风险和后遗症。因此，《企业民主管理规定》等政策文件以及各省区市工会通过地方性法规，对企事业单位职工代表大会的提前或延期换届作出了进一步规范。各企业集团公司职工代表大会因故需要提前或延期换届，须事先在党组织的统筹协调下，由企业行政方与工会方协商一致确定，并将提前或延期的理由、时间，以及企业行政与工会协商的意见等，通过企业局域网、厂务公开栏等渠道向集团公司及所属的基层单位和职工公示后，方可实施。

12 企业集团公司职工代表大会和企业集团公司行政工作会议可以合并召开吗?

企业集团公司行政工作会议是可以和企业集团公司职工代表大会合并召开的。其理由如下：

首先，职工代表大会属于企业管理制度范畴，职工代表大会职权内容与行政工作会议的内容有很多内在联系。“两会合一”有助于企业集团公司行政在关注企业重大决策和经营管理基础上，重视和研究劳动关系问题和职工切身利益重大问题。其次，企业集团公司行政工作会议让职工代表列席旁听，有助于职工代表全面掌握企业发展中面临的机遇挑战，有助于职工代表树立大局意识和责任意识。最后，企业集团公司的领导班子和经营管理人员通过职工代表大会听取各层级职工代表对企业集团公司发展规划、经营管理、构建和谐劳动关系、融洽企业党群干群关系等方面的意见建议，并通过职工代表大会提案报告和合理化建议等民主管理事项，有助于企业领导班子和经营管理人员更多地了解基层职工代表对提高企业集团公司管理、优化劳动工作环境、畅通职工利益诉求渠道等意见建议，更好地促进企业集团公司及所属基层单位和谐劳动关系建设。因此，企业集团公司行政工作会议与职工代表大会“两会合一”将有助于企业民主管理更好地融入企业经营管理体系。

然而，作为企业民主管理的一种法定制度，职工代表大会本身有着严谨的组织制度、职权内容、议事规则和工作制度等，其与企业集团公司的行政工作会议在召开方式方法上还是有一定区别的。因此，“两会合一”时，企业集团公司的行政工作会议和职工代表大会要分段召开，在召开企业集团公司行政工作会议时，普通职工代表可以列席旁听；而召开职工代表大会时，则必须严格按照职工代表大会的运行规则行事，参加行政工作会议的非职工代表的党政领导干部可以列席职工代表大会，但在会上没有选举权和表决权。

13 企业集团公司职工代表大会是否可以和企业集团公司会员代表大会合并召开?

全国总工会制定的《基层工会会员代表大会条例》明确规定，会员代表大会是基层工会的最高领导机构，讨论决定基层工会重大事项，选举基层工会领导机构，并对其进行监督。其主要职权是：（1）审议和批准基层工会委员会的工作报告；（2）审议和批准基层工会委员会经费收支预算决算情况报告、经费审查委员会工作报告；（3）开展会员评家，评议基层工会开展工作、建设职工之家情况，评议基层工会主席、副主席履行职责情况；（4）选举和补选基层工会委员会和经费审查委员会组成人员；（5）选举和补选出席上一级工会代表大会的代表；（6）罢免其所选举的代表、基层工会委员会组成人员；（7）讨论决定基层工会其他重大事项。

从上述全国总工会文件对会员代表大会的要求来看，首先，会员代表大会与职工代表大会两者之间存在着性质上的不同，会员代表大会是企业工会的一项重要制度，主要是讨论决定工会内部重大事项；而职工代表大会则是企业管理制度，依法行使对企业经营发展、涉及职工切身利益事项、融洽干群关系、督促企业依法规范用工等职权内容，两者在讨论审议的事项上存在着较大的差异。其次，大型企业集团公司每年一次的职工代表大会所涉及的内容较多，既要审议企业集团公司长远发展规划、年度重要计划，又要审议检查企业集团公司及所属基层单位依法规范用工等方面问题，还要审议决定涉及职工“三最”利益问题、民主评议企业集团公司领导班子和领导人员等相关事项，需要企业党政工和职工代表付出一定的时间和精力加以认真对待。而如果将会员代表大会与之合并召开，在一定程度上会影响职工代表大会的会议质量。

企业集团公司尽量不要将职工代表大会与会员代表大会“两会合一”。但是，在部分外资、民营企业，职工代表大会与会员代表大会“两会合一”已经实行一定时间，而且企业集团公司工会作为职工代表大会的工作机构，借助企业民主管理这一制度平台，可以发挥工会作用，有效融洽劳资关系、凝聚职工智慧。此外，部分企业集团公司为了减少会议和工作重复，也希望将会员代表大会与职工代表大会合并召开。

鉴于这些原因，《基层工会会员代表大会条例》第四十三条明确规定，“会员代表大会与职工代表大会应分别召开，不得互相代替。如在同一时间段召开的，应分别设置会标、分别设定会议议程、分别行使职权、分别作出决议、分别建立档案”。

按照全国总工会的文件要求，企业集团公司应当切实掌握会员代表大会与职工代表大会两者之间的关系。两会合并召开时，会员代表大会和职工代表大会应当分阶段进行，并严格按照各自会议的组织制度、议事规则行事。会员代表大会在审议通过工会工作报告、民主选举新的工会委员会成员时，非会员代表的职工代表作为列席代表，没有表决权、选举权和被选举权；同样，非职工代表的会员代表在职工代表大会上也没有相应权利。此外，需要特别强调的是，职工代表大会和会员代表大会虽然可以同时召开，但因各自的职责、范围不同，其决议应当分别作出，切不可混合在一个决议中。

14 企业集团公司职工代表大会和集团公司本部职工代表大会有什么区别？两者是否可以相互替代？

企业集团公司职工代表大会和集团公司本部职工代表大会具有完全不同层面的参与主体和运作主体。

首先，企业集团公司职工代表大会是整个集团系统的管理制度，职工代表大会受企业集团公司党组织直接领导。集团公司行政是建制主体，集团公司工会是运作主体；而集团公司本部职工代表大会则是集团机关内部的管理制度，集团机关本部职工代表大会受机关党委的直接领导。集团机关的行政是建制主体，集团机关工会是运作主体，两者的关系是集团母公司与集团基层单位两个层面的关系。其次，企业集团公司职工代表大会的代表是在整个集团系统内选举产生的，他们是来自集团公司各个层面的干部职工；而集团公司本部职工代表大会的代表则是在集团机关本部范围内选举产生的。最后，企业集团公司职工代表大会审议和决定涉及整个集团公司企业管理、劳动关系等重大问题，以及职工切身利益重要事项等内容，而集团机关本部职工代表大会审议和审议通过的内容则仅限于集团机关本部职工的相关事宜，与职工代表大会的职权内容存在着很大的区别。因此，不能以集团公司本部职工代表大会取代企业集团公司职工代表大会。

15　企业集团公司职工代表大会可以取代所属基层单位职工代表大会吗?

企业集团公司职工代表大会不可以取代所属基层单位职工代表大会。

首先，法律法规规定，具有独立法人资格的企业集团公司及其子公司都应当建立职工代表大会制度。分公司虽然不具有独立法人资格，但同样要实行民主管理，建立健全职工代表大会制度。其次，企业集团公司作为母公司对所属基层单位进行管理，同样需要通过职工代表大会来规范、管控所属基层单位民主管理、劳动关系协调、劳资矛盾预防调处，以及解决职工“三最”利益问题等行为，而所属基层单位职工代表大会更应当在企业集团公司职工代表大会总体原则、规定基础上细化本单位职工代表大会相关事宜。因此，企业集团公司职工代表大会不但不可以取代所属基层单位职工代表大会，而且应该进一步理顺上下级职工代表大会的关系，更好地发挥企业集团公司多级职工代表大会制度的作用。

16 分公司需要建立职工代表大会制度吗？它与企业集团公司职工代表大会有什么关系？

企业集团公司所属分公司需要建立职工代表大会制度。其理由：（1）法律法规有明确规定。《企业民主管理规定》和各省区市人大常委会制定的职工代表大会条例、企业民主管理条例等都明确要求实行多级民主管理，建立分公司（厂）、分院（校）职工代表大会制度。职工通过职工代表大会享有民主权利不应由于企事业单位的规模大小和管理体制不同而受到限制。（2）由于企业管理体制机制的变化。目前，很多不具有独立法人资格的分公司在经营管理、劳动用工和薪酬福利分配等方面都具有相应的自主权，且职工人数居多。这些单位都应当实行民主管理，建立健全职工代表大会制度，保障职工行使与所在单位管理权限相对应的民主管理权利。同时，分公司的职工代表大会与企业集团公司所属基层单位职工代表大会一样，都要按照企业集团公司职工代表大会精神实施民主管理，其作出的决定决议不能有悖于企业集团公司职工代表大会的精神。

17 企业集团公司职工代表大会制度实施办法应当包括哪些内容？

职工代表大会制度实施办法是指企业依照法律法规和政策规定，在遵循民主管理制度基本原则和要求基础上，结合本企业实际而专门制定实施的、旨在明确企业党政工组织及企业各相关职能部门有关民主管理工作职责，保障职工群众正确行使民主管理权利、督促企业和职工履行民主管理义务的制度规则。职工代表大会制度实施办法对企业集团公司民主管理制度而言至关重要，企业集团公司应当将这一制度纳入整个集团公司内控制度范畴，作为集团公司管理制度体系的重要组成部分。

规范的企业集团公司职工代表大会实施办法，应当包括下列主要内容：

（1）明确实施办法的适用范围。由于企业集团公司规模庞大、组织构架复杂、所属基层单位众多、涉及行业产业较多，因此，企业集团公司应当根据规定，明确哪些基层单位适用企业集团公司多级职工代表大会制度。

（2）明确职工代表大会制度在本企业集团公司中的功能定位。实践中，各单位可以结合职工代表大会制度的性质、意义和目标任务予以阐述。

（3）明确企业集团公司及所属基层单位职工代表大会制度的基本规则。包括集团公司及基层单位职工代表大会的具体届期、召开频次、上下级职工代表大会制度的关系、实施多级职工代表大会制度的分级管理等。

（4）明确企业集团公司及所属基层单位职工代表大会的职权内容。各单位应当按照法律法规和政策文件要求，从本集团公司企业层级出发，制定本集团公司及所属基层单位若干层面职工代表大会的职权内容。

（5）明确企业集团公司职工代表大会的代表人数、结构比例及职工代表的产生、罢免等办法。

（6）明确企业集团公司职工代表大会的组织制度、工作制度及工作机构的职责。

（7）明确企业集团公司职工代表大会的各个责任主体的职责。除了明确企业集团公司党政工组织的职责之外，各单位尤其要将推进企业集团公司职工代表大会的各项任务和具体责任分工予以细化，分解到党组织、行政等各相关职能部门。如人力资源部门应当负责薪酬福利、劳动规章、员工手册等重要制度，以及涉及职工切身利益的重大事项的方案起草和说明工作等；组织部门应当负责做好民主评议领导人员等工作；党办、行政部门应当协同工会做好职工代表大会会务等工作；宣传部门应当做好职工代表大会决定决议和会议精神的宣传等工作；财务、技术、安全、质量等部门则应当做好财务预决算报告、劳动保护和劳动安全卫生等事项的草案起草，以及回应承办职工代表提案等相应工作，以此合力推进企业民主管理制度，促进企业集团公司经营管理的科学化、民主化。

18 企业集团公司职工代表大会职权与基层单位职工代表大会职权有何不同？

企业集团公司由于处在决策、管控和监督层面，对所属基层单位的经营目标、发展规划、劳动关系重大问题和职工切身利益的薪酬福利等重要事项，以及企业文化建设等方面内容进行制度的顶层设计，并指导推动和管控所属基层单位有效执行。因此，企业集团公司职工代表大会的职权内容就需要与企业集团公司的管理权限相一致。

总体来讲，企业集团公司职工代表大会的职权内容，更应当侧重于围绕整个集团公司决策发展等方面带有全局性、根本性、指导性的重大问题，以及涉及职工切身利益事项中带有普遍性、倾向性的重大事项予以研究和确定。具体而言，企业集团公司职工代表大会的审议建议权应侧重于整个集团公司的经营方针、中长期发展规划、重大改革措施、年度计划、财务预决算和年度经营管理情况，以及集团公司及所属基层单位劳动关系总体状况等方面的知情审议；审议通过权则应当侧重涉及集团公司及所属基层单位职工薪酬福利、劳动用工管理、劳动关系建立和变更补偿等原则方案的通过实施。而所属基层单位职工代表大会则是在企业集团公司职工代表大会原则要求、总体方案的基础上，根据本单位的实际情况予以细化，并按照职工代表大会各项职权的权限，履行相应的民主程序，这样才能按照企业集团公司的管控要求，深化完善并执行到位。

19 企业集团公司职工代表大会知情审议事项主要有哪些内容，其权限是如何设置的？

《中华全国总工会关于推行企业集团职工代表大会制度的意见》中明确规定，企业集团公司应当将下列事项提交职工代表大会，让职工代表知情审议：听取企业集团公司工作报告，审议企业集团公司经营方针、中长期发展规划、年度计划、财务预决算、安全生产等重要事项的报告；审议企业集团公司改制方案和重大改革措施；审议企业集团公司员工持股方案；审议企业集团公司制定、修改或者决定的有关劳动报酬、工作时间、休息休假、劳动安全卫生、保险福利、职工培训、劳动纪律以及劳动定额管理等直接涉及职工切身利益的规章制度或者重大事项方案。其权限为：职工代表对上述事项在知情审议的基础上，提出意见和建议，不行使表决权。

20 企业集团公司职工代表大会审议通过事项主要有哪些？如何起到对基层单位规范和制约的作用？

全国总工会相关政策规定，企业集团公司职工代表大会审议通过职权事项，主要为审议企业集团公司包括职工代表大会在内的民主管理制度实施办法；审议企业集团公司集体合同草案、专项集体合同草案、企业年金方案、住房制度改革方案；审议职工奖惩办法、劳动模范推荐人选等重大事项。其权限为：在审议的基础上，进行投票表决，形成通过或不通过的决议。国有及其控股企业集团产权转让、合并、分立、改制、解散、破产实施方案中职工的裁减、分流和安置方案也应当经企业集团公司职工代表大会审议通过。

企业集团公司职工代表大会对上述事项依法审议通过后，集团公司所属基层单位应当着重做好下列工作：

（1）对照集团公司有关企业民主管理制度和职工奖惩办法等协调劳动关系制度的要求，以及职工代表大会的决议，全面审查本单位相关制度和规定的情况，如发现与集团公司职工代表大会决定存在差异，应按照集团公司的要求和法律法规政策文件规定予以调整。

（2）按照集团公司集体合同和专项集体合同等对职工工资福利待遇等增幅或调整的原则、考核目标完成情况，确定本单位职工工资增幅或调整的具体比例，开展集体协商，并将形成的集体合同草案或专项集体合同草案提交本单位职工代表大会审议通过后实施。

（3）按照集团公司职工代表大会审议通过的企业年金、住房制度改革等方案，以及有关职工薪酬福利制度、劳动用工管理制度、职工教育培训制度、企业年金、职工股权激励等原则方案，对照本单位相关工作的实施情况开展自查，针对存在的问题或集团公司的要求提出修改意见，在单位行政与工会协商达成一致意见后，形成方案草案，提交本单位职工代表大会审议通过后实施。

（4）涉及本单位因产权转让、合并、分立、改制、解散、破产实施方案中职工的裁减、分流和安置方案，应当按照国家法律法规、政策文件的要求，结合集团公司职工代表大会的决议精神，在前期听取职工和各有关方面意见的基础上，进行行政与工会的集体协商，达成一致意见形成集体合同草案，提交本单位职工代表大会审议，并通过无记名表决方式通过后实施。

注意：基层单位受集团公司管理，其劳动关系问题和职工切身利益事项也应按照集团公司的相关制度和规定行事，并符合国家法律法规和政策文件的要求。集团公司职

工代表大会作为集团公司管理制度，其作出的决定决议对基层单位理应起到规范、约束的作用，基层单位必须很好地贯彻执行。

21 企业集团公司集体协商制度应当包括哪些内容，其与基层单位的集体合同有何不同?

首先，企业集团公司的集体协商制度必须区别于所属基层单位，但又应当起到规范、约束和管控所属基层单位集体协商和集体合同制度的作用。因此，企业集团公司的集体协商应更侧重推进所属基层单位建立集体协商制度、明确企业劳资双方权利义务、规范集体协商流程、推进集体合同的签订和履行等。

其次，企业集团公司作为企业的母公司，对所属基层单位薪酬福利、劳动用工、教育培训、职业技术提高和职业发展等涉及职工切身利益带有普遍性、倾向性的重大制度和事项具有决策权，集团公司应当将这些制度和事项纳入集体协商范畴，以此来规范和指导所属基层单位遵照执行。

最后，由于企业集团公司组织规模庞大、涉及行业产业较多、所属基层单位经济效益各不相同，因此，集团公司层面没有必要，也不可能就职工工资增幅、福利待遇事项等制定统一标准。在这种情况下，集团公司可以视不同类型、不同经济效益企业，以及职工队伍不同的状况等，要求所属基层单位开展集体协商，制定适用于所属基层单位不同类型、不同效益企业的工资增幅、福利增长的原则规定和总体要求，以此指导所属各类基层单位开展集体协商，在集团公司规定的范畴内制定本企业职工工资增幅、福利增长统一标准的具体事宜。这样，集团公司的管控制度就能更好地延伸到构建和谐劳动关系等方面。

注意：上述企业集团公司集体协商的内容，都属于涉及全系统带有普遍性、倾向性的职工切身利益重大事项，按照职工代表大会的相关法律法规和政策要求，企业集团公司尤其是国有及国有控股的企业集团公司，更应当在行政与工会进行集体协商并达成一致意见基础上，形成书面材料后，提交企业集团公司职工代表大会审议通过，以此更加规范有效地指导所属基层单位遵照执行。

22 企业集团公司在重大改革调整中的多级职工代表大会民主程序应关注哪些环节？

企业集团公司的改革调整必然会涉及整个集团系统的

所属基层单位。同时，由于部分企业集团公司的改革调整需要各基层单位逐步实施，因此，企业集团公司往往会制定集团系统改革调整的总体方案，明确改革调整的整体计划、涉及的基层单位和职工人数、改革调整的方式和时间节点等，并对所属基层单位进行部署、提出要求。这种改革调整，因涉及企业集团公司层面与所属基层单位层面，需要企业集团系统各个层面上下联动，协同配合，方能平稳有序推进改革。所以，企业集团公司在重大改革调整中的多级职工代表大会民主程序应注意把握以下几个环节：

（1）总体规范环节。即企业集团公司应当按照法律法规和政策文件的要求，拟定坚持和完善企业集团系统改革调整工作民主程序的指导意见草案，并通过企业集团公司职工代表大会审议通过，以此作为规范企业集团公司及所属基层单位改革调整履行民主程序的总纲，指导所属基层单位遵照执行。

（2）总体要求与具体指导环节。即企业集团公司职工代表大会要在整个改革方案中，对分步骤实施改革方案的基层单位提出履行基层单位集体协商、职工代表大会民主程序、实行厂务公开的总体要求，明确涉及改革调整的基层单位应当按照企业集团公司确定的时间节点和法律法规要求实施改革。

（3）督促实施环节。即要求涉及改革调整的基层单位必须按照企业集团公司职工代表大会的决议，细化本单位改革调整的具体方案，提交本单位职工代表大会审议和审议表决，并履行向职工公示告知等相应的民主程序。

（4）管控监督环节。即企业集团公司要建立改革改制方案预审制度，将所属基层单位改革的总体方案、涉及职工劳动关系变更和经济补偿方案、履行职工代表大会民主程序方案以及基层单位职工代表大会制度建设基本情况提交上级党政工组织审核把关。其中，基层单位职工代表大会制度基本情况主要包括职工代表大会届期年限、职工代表人数和结构比例及资格认定、大会议程和表决方式等内容，以确保职工代表大会在法定届期内并规范有效。对出于历史等原因致使基层单位职工代表大会和职工代表没有按期改选等问题，要在企业集团公司工会的指导下，由改革调整企业党政组织和工会先行研究解决。此外，企业集团公司党组织和工会还应当组织相应力量，对基层单位职工代表大会审议通过后的方案实施情况进行监督，以确保改革调整企业平稳有序，进而促进整个集团系统劳动关系的和谐稳定。

23 企业集团公司职工代表大会对所属基层单位实行民主管理和集体协商审查监督的重点是什么？

民主管理制度是企业管理制度的组成部分，企业集团公司要实施对所属基层单位的有效管理，理应将基层单位民主管理制度的实施情况纳入审查监督、考核评估范畴。因此，企业集团公司职工代表大会将所属基层单位实行民主管理和集体协商的情况作为审查监督事项，将有利于提升整个集团系统民主管理运行质量。

企业集团公司职工代表大会要对所属基层单位实行民主管理和集体协商情况的审查监督，应当重点做好以下几项工作：

（1）企业集团公司可以依托厂务公开工作领导小组的力量，事先制定所属基层单位民主管理和集体协商的评价标准，并下发通知，提出工作要求。

（2）组织所属基层单位对照企业集团公司的标准要求全面开展自查。

（3）企业集团公司通过职工代表大会巡视检查制度，组织力量，开展对所属基层单位的巡视检查，在检查过程中，可以组织基层单位的干部职工对本单位开展民主管理和集体协商情况进行满意度测评；对发现的问题，巡视检查组应当提出整改意见，要求基层单位整改。

（4）在企业集团公司职工代表大会上，由企业集团公司工会负责人或巡视检查小组负责人报告巡视检查情况，全面总结基层单位民主管理和集体协商先进做法和典型经验，并组织先进单位交流经验。同时，对巡视检查中发现的问题及基层单位整改情况予以通报。其中，对集团系统层面上普遍存在的问题，集团公司党政工应当高度重视，提出改进措施。

24 所属基层单位劳动关系总体状况是否应当向企业集团公司职工代表大会报告，接受职工代表审议？

企业集团公司劳动关系总体状况，是指集团系统所属基层单位有关劳动关系产生、发展、变化的整体情况，包括劳动合同订立、劳动用工、劳动报酬、休息休假、劳动条件和职业安全健康、社会保险、技能培训、人文关怀以及建立健全劳动关系协调和矛盾调处机制等内容。

职工代表大会是协调劳动关系的重要制度。同时，劳动关系问题又是企业管理不可或缺的重要内容。企业集团公司由于组织规模庞大、管理层级较多、涉及的行业产业较广、不同类型的企业较多，各类劳动关系的矛盾也会在不同类型的企业中表现出来。这些问题和矛盾如果处理不好，会影响整个集团公司劳动关系的和谐和健康发展。因此，将企业集团公司所属基层单位劳动关系总体状况作为企业集团公司职工代表大会重要内容予以报告并审议，一是能使全体职工代表了解掌握整个集团系统劳动关系总体状况，便于职工代表群策群力，共同解决这些问题；二是有利于企业集团公司在职工参与的基础上，全面审视集团系统的劳动关系问题，进一步健全完善各项劳动规章制度和劳动关系协调制度，并通过长效机制建设从根本上杜绝和解决这些问题；三是有利于所属基层单位党政工领导正视本单位劳动关系问题，通过职工代表大会等制度回应本单位职工的利益诉求，有效解决企业和职工的利益矛盾，构建和谐劳动关系。

概括来讲，企业集团公司劳动关系总体状况的主要内容，应当包括但不限于以下几个方面：

（1）关于企业集团公司及所属基层单位订立并执行劳动合同制度的情况，包括劳动合同的签订情况和履行情况，以及开展集体协商和签订集体合同的情况等。

（2）关于企业集团公司及所属基层单位保障职工取得劳动报酬的情况，包括工资支付规定落实情况，开展工资集体协商和工资正常增长机制运作的情况等。

（3）关于企业集团公司及所属基层单位保障职工休息休假的情况，包括企业执行国家关于职工工作时间、全国年节及纪念日假期、带薪年休假等规定情况等。

（4）关于企业集团公司及所属基层单位改善劳动条件，保障职工安全健康的情况，包括执行国家劳动安全卫生保护标准，加大安全生产投入，提供劳动保护用品，以及企业与职工就工作条件、劳动定额、女职工特殊保护等开展集体协商、订立相关专项集体合同的情况等。

（5）关于企业集团公司及所属基层单位保障职工享受社会保险和接受职业技能培训的情况，包括企业依法为职工缴纳各项社会保险的情况，开展职工教育培训情况以及鼓励职工参加学历教育和继续教育的措施执行情况等。

（6）关于企业集团公司及所属基层单位加强对职工的人文关怀情况，包括培育富有特色的企业精神和健康向上的企业文化，开展职工喜闻乐见、丰富多彩的文化体育活动的情况等。

（7）关于企业集团公司及所属基层单位建立健全劳动关系协调和矛盾调处机制，营造构建和谐劳动关系良好环境的情况，包括建立企业劳动争议调解委员会，完善劳动关系群体性事件应急处置机制情况，以及开展和谐劳动关系创建活动的情况等。

25 企业集团公司职工代表大会民主评议领导干部或高级管理人员的主要内容有哪些？

2011年，中共中央纪委、中共中央组织部、国务院国有资产监督管理委员会、监察部、中华全国总工会、中华全国工商业联合会印发的《关于进一步做好职工代表大会民主评议国有企业领导人员工作的意见》要求，职工代表大会民主评议的对象主要是国有独资企业、国有控股企业（含国有独资金融企业和国有控股金融企业）及其分支机构的领导班子及成员。但具体人员的确定，文件要求由各省区市、各有关部门和各企业根据企业实际情况确定。

职工代表大会民主评议国有企业领导班子及成员要根据其承担的工作职责和目标任务进行，主要内容包括：政治素质、职业操守情况；履职能力和工作实绩情况；勤奋敬业、尽职尽责维护国家和企业利益情况；依靠职工办企业、维护职工合法权益情况；廉洁从业情况等。

职工代表大会民主评议领导班子及成员，既要坚持实事求是，注重工作实绩，又要适应新形势新任务新要求，根据不同时期、不同企业特点，确定民主评议的重点，不断深化民主评议内容。当前，要将贯彻中央关于企业重大决策、重要人事任免、重大项目安排和大额度资金运作“三重一大”事项决策制度的执行情况，企业领导人员廉洁从业情况，涉及职工切身利益重大事项的决策及执行情况，重要规章制度的制定及执行情况，实行厂务公开情况等，作为职工代表大会民主评议的重要内容，使职工代表大会制度在促进国有企业党的建设、推动科学发展、构建和谐企业中充分发挥作用。

26 企业集团公司职工代表大会民主评议工作应当如何开展？

根据中共中央纪委、中共中央组织部、国务院国有资产监督管理委员会、监察部、中华全国总工会、中华全国工商业联合会《关于进一步做好职工代表大会民主评议国有企业领导人员工作的意见》的要求，职工代表大会民主评议国有企业领导人员工作要在企业党委（党组）领导下，由职工代表大会主席团主持进行，职工代表大会应建立民主评议专门委员会（小组），负责职工代表大会交办的民主评议事项及监督检查民主评议结果落实等情况。上级组织人事部门要对职工代表大会民主评议国有企业领导人员工作进行指导和监督。

职工代表大会民主评议国有企业领导人员工作应当每年进行一次。民主评议前，被评议人应当在职工代表大会上作述职、述学、述廉报告，接受职工代表的质询；民主评议应当采用职工代表无记名投票方式进行测评；民主评议的结果应当根据干部管理权限，报上级组织人事部门或董事会，同时抄报（派驻）本企业监事会。

企业党委（党组）书记、董事长、总经理是本企业职工代表大会民主评议国有企业领导人员工作的主要责任人，要重视和支持职工代表大会开展民主评议工作。企业工会作为职工代表大会的工作机构，要协同企业组织人事和纪委等相关部门做好职工代表大会民主评议的具体组织工作。企业要根据有关文件要求，制定或修订本企业职工代表大会民主评议国有企业领导人员的实施办法或操作规程，明确评议内容，规范评议程序，建立规范有效的工作机制，不断提高民主评议工作质量和水平。

按照上述文件要求，企业集团公司要在党委（党组）的组织领导下，定期开展职工代表大会民主评议领导人员工作。上级党组织和干部主管部门对领导班子任期考核时，企业集团公司应当提供职工代表大会民主评议结果和职工代表大会的建议报告。尚未开展的，应作出情况说明。各级党组织和干部主管部门应将职工群众对领导人员的实时测评与职工代表大会的民主评议有机结合，纳入对领导人员综合考评分值，督促领导人员不断增强民主意识和群众观念。同时，要注重做好下列几项工作：

（1）系统设计方案。企业集团公司干部管理部门和工会组织应当共同协商合理制定评议对象、内容、时间、方式、程序等具体工作方案，经企业集团公司党委（党组）同意后组织实施。

（2）分级分层实施。企业集团公司和各级子、分公司领导班子成员的民主评议工作分别由同级职工代表大会组织实施。企业集团公司和各级子、分公司领导班子以外的中层领导干部或管理人员需要民主评议的，也应当纳入各相应层级的职工代表大会进行评议。

（3）规范有序操作。参加职工代表大会无记名测评的职工代表人数应不少于职工代表总数的 2/3。同时，在组织实施过程中要坚持保密原则。

注意：职代会民主评议时应把握以下几点：①被评议领导人员在职代会上作述职、述学、述廉报告。②组织职工代表无记名投票测评，召开职工代表座谈会和个别访谈，并汇总民主评议意见。召开座谈会和进行个别访谈时要注意选取的代表的公正性，一般以保证每位职工代表在任期内都有座谈或访谈的机会为宜。③向被评议对象反馈职工代表评议意见。④向职工代表大会和领导人员管理机构（部门）反馈评议情况。⑤实事求是评议。各级党组织和工会组织要教育引导职工代表客观公正地评议领导班子和领导人员的工作实绩，诚挚中肯地帮助领导班子和领导人员找出存在的问题和不足。对于首次参与民主评议的职工代表要提前做好培训指导工作等。

27 企业集团公司的哪些人员可以作为职工董事、职工监事的候选人？

《中华全国总工会关于加强公司制企业职工董事制度、职工监事制度建设的意见》（以下简称《意见》）明确，职工董事、职工监事候选人应当符合以下基本条件：与公司存在劳动关系；能够代表和反映职工合理诉求，维护职工和公司合法权益，为职工群众信赖和拥护；熟悉公司经营管理或具有相关的工作经验，熟知劳动法律法规，有较强的协调沟通能力；遵纪守法，品行端正，秉公办事，廉洁自律；符合法律法规和公司章程规定的其他条件。

全国总工会文件的精神，对企业集团公司同样适用。但集团公司的职工董事进入董事会行使决策管理职能、职工监事进入监事会行使监督职能，其代表的不仅是集团公司机关本部职工的利益，还应该关注和重视整个集团系统所属基层单位广大职工的利益，因此，《意见》所表明的

“与公司存在劳动关系”，对企业集团公司的职工董事、职工监事来说，应该解读为“与企业集团公司或所属基层单位存在劳动关系”。实践中，国资委及全国各省区市在制定文件或明确职工董事、职工监事人选时，一般都明确企业工会主席应当作为职工董事的首位候选人、工会副主席应当作为职工监事的首位候选人。但对企业集团公司而言，集团公司的工会主席和副主席理应成为集团公司职工董事、职工监事的候选人，而集团公司及所属基层单位的工会负责人及符合条件的其他职工都有资格作为职工董事、职工监事的候选人，依法选举进入董事会、监事会履行相应职责。

此外，遵循职工董事、职工监事任职回避原则，全国总工会明文规定，公司高级管理人员和监事不得兼任职工董事，公司高级管理人员和董事不得兼任职工监事。公司高管的近亲属，不宜担任或兼任职工董事、职工监事。全国总工会同时明文规定，职工持股会选派到董事会、监事会的董事、监事，一般不占职工董事、职工监事的名额。实践中，有些省区市还明确规定，工作年限距法定退休年龄不满三年的，一般不提名作为下一届职工董事、职工监事人选，这样的做法值得提倡。

28 企业集团公司职工代表大会如何选举产生企业集团公司职工董事、职工监事？

《中华全国总工会关于加强公司制企业职工董事制度、职工监事制度建设的意见》要求，职工董事、职工监事的候选人，可以由公司工会根据自荐、推荐情况，在充分听取职工意见的基础上提名，也可以由1/3以上的职工代表或者1/10以上的职工联名推举，还可以由职工代表大会联席会议提名，提交公司职工代表大会以无记名投票方式差额选举，并经职工代表大会全体代表的过半数同意方可当选。这些规定，都适用于企业集团公司。实践中，一些企业因主客观原因，暂时难以做到差额选举，如果遇到这种情况，应当向企业党组织和上级工会请示，并向职工代表大会作出情况说明。

此外，对于一些尚未建立职工代表大会的企业集团公司，应当在集团公司党组织的领导和上级工会的指导下，先行建立职工代表大会制度，并选举产生职工董事、职工监事。

职工董事、职工监事由职工代表大会选举产生后，集团公司工会应当通过企业局域网或厂务公开栏等渠道进行任前公示，与其他董事、监事一样履行相关手续，并报上级工会和有关部门（机构）备案。集团公司工会要做好向上级工会报备的相关工作。

注意：企业集团公司应该将设立职工董事、职工监事的人数和具体比例依法在公司章程中进行明确。按照现有的《公司法》规定，国有及国有控股公司，其董事会成员中应当有职工代表。因此，国有企业集团公司应当率先垂范，其他类型企业也应当按照《公司法》的要求，在健全完善职工监事制度的基础上，配备好职工董事，并推动其切实履职发挥作用，促进企业劳动关系的和谐稳定。

29 企业集团公司职工代表大会如何开展职工董事、职工监事的民主评议工作？

首先，应当明确职工董事、职工监事向企业集团公司职工代表大会作述职报告的主要内容，包括但不限于：（1）全年出席董事会、监事会会议情况，包括未出席会议的原因、次数；（2）在董事会、监事会会议上发表意见和参与表决的情况，包括投出弃权或者反对票的情况及原因；（3）对公司劳动关系重大问题和职工切身利益重要事项进行调查，反映职工代表大会意见和职工利益诉求，与董事会、监事会其他成员及公司管理层进行交流磋商等情况；（4）参加教育培训情况；（5）根据相关法律法规、规范性文件和公司章程的要求，履行职工董事、职工监事权利义务，以及其他需要报告的情况。

其次，应当规范职工董事、职工监事述职报告的行为。职工董事、职工监事向职工代表大会作述职报告应当每年进行一次。职工董事、职工监事的报告应当形成书面材料，由职工董事、职工监事本人向职工代表大会报告。

最后，职工代表大会要组织开展对职工董事、职工监事履职的评议工作。在听取职工董事、职工监事述职之后，集团公司工会应当组织职工代表对其履职情况进行评议。评议应当以无记名表决方式进行，根据评议结果，职工代表大会可以提出奖惩建议。职工代表大会民主评议职工董事、职工监事不称职的，职工代表大会应当对该职工董事或职工监事履行罢免程序。实践中，有些省区市设定了具体比例，如上海就设定了职工代表大会民主评议不称职率高于 40% 的，应当对该职工董事或职工监事履行罢免程序，这种做法更具可操作性。

此外，根据全国总工会及有关文件规定，职工董事、职工监事有下列行为之一的，由职工代表大会依法罢免：企业职工代表大会对其述职进行无记名民主评议，结果为不称职的；不能如实反映企业职工代表大会的决议、决定，在参与企业决策、履行监督职责时不代表职工利益行使权利，损害职工合法权益的；拒绝向企业职工代表大会报告工作的；有其他不依法履行职工董事、职工监事职责行为的。

罢免职工董事、职工监事，须由职工代表大会 1/3 以上的职工代表或者 1/10 以上的职工联名提出罢免议案，并经职工代表大会讨论通过。职工代表大会讨论罢免职工董事、职工监事有关事项时，职工董事、职工监事有权在会上提出申辩理由或书面申辩意见。罢免议案须采用无记名投票方式，经职工代表大会全体代表的过半数同意方获通过。罢免案通过后，企业工会应当将罢免结果报上级工会和有关部门备案。

30 确定企业集团公司职工代表大会的代表人数和比例结构应当把握哪些原则？

企业集团公司不同于所属基层单位，确定企业集团公司职工代表大会代表的人数，应当着重把握下列原则：

（1）适度原则。《企业民主管理规定》第八条明确规定，“企业召开职工代表大会的，职工代表人数按照不少于全体职工人数的百分之五确定，最少不少于三十人。职工代表人数超过一百人的，超出的代表人数可以由企业与工会协商确定”。一般而言，集团公司均属于超大型企业，职工人数成千上万，因此，职工代表的人数无法按照基层单位人数的 5% 确定。因此，需要企业集团公司按照《中华全国总工会关于推行企业集团职工代表大会制度的意见》等制度文件要求，从企业集团公司组织规模等实际情况出发，以集团系统职工总人数为基数，经过集团公司党政工协商，确定企业集团公司职工代表大会的代表总人数。在确定过程中，既要保证职工代表的覆盖面和代表性，确保职工代表大会制度的可操作性，又要考虑到职工代表大会制度在法定的届期内有效运行的成本问题。

（2）广泛原则。由于企业集团公司的特性，使得集团系统的职工人员复杂，群体较多。集团公司职工代表大会的代表应当适应集团系统的这种特性，从制度层面考虑不同群体的干部职工，尤其是最基层的一线职工，都应当选举代表参加企业集团公司职工代表大会，这其中包括要考虑有适当比例的劳模先进、高技能领军人才、女职工、青年职工、农民工的代表。

（3）层级原则。企业集团公司由于管理层级较多，职工代表大会的代表中应当有来自不同层面的代表，切忌造成大部分代表都集中在集团公司机关本部和二级子公司。因此，企业集团公司在确定代表人数时，还应当综合考虑分公司和三四层级的基层单位，确保集团系统每一层级和每一群体都有代表参加企业集团公司的职工代表大会。

（4）协商原则。企业集团公司职工代表大会代表人数和比例结构的确定，应当在集团公司有关方面调研和听取各方意见的基础上，按照相关规定，由集团公司党政工协商，最终确定本企业集团公司职工代表大会代表的总人数以及比例结构。按照《企业民主管理规定》《中华全国总工会关于推行企业集团职工代表大会制度的意见》等文件规定，企业集团公司中高层领导干部和管理人员方面，原则上不超过职工代表总数的 20%，所属单位多、分布广的企业集团公司一般不超过代表总数的 35%。但如果有些地方工会与厂务公开领导小组其他成员单位或劳动关系三方机制成员通过相关制度文件，已经对集团公司中层以上管理人员和领导人员比例另有规定的，也可以按照地方性的规定执行，但必须要保证一线职工代表的比例不能少于 50%。

31 如何确定企业集团公司职工代表大会的中高层管理人员代表和一线职工代表？

由于企业集团公司职工代表大会讨论审议的基本上都是涉及整个集团系统带有全局性、普遍性、指导性的重大问题。因此，参与这一层面的职工代表大会的代表就必须具备一定的能力和水平。同时，集团公司所属的基层单位管理层级多，致使企业集团公司的职工代表大会不能沿用基层单位职工代表大会的标准，简单地确定中高层管理人员和一线职工，而必须从企业集团公司的特性出发，在符合相关法律法规要求的基础上，确定中高层管理人员代表和一线职工代表。

基于企业集团公司特点，企业集团公司职工代表大会中高层管理人员代表的确定可采用三种途径。第一种是以岗位确认。即在集团公司领导岗位上的人员、集团公司本部对下具有管理职能的部门领导岗位人员以及由集团公司直接管控的二级公司领导岗位上的人员都应当属于企业集团公司中高层管理人员。第二种是以企业集团公司的管理制度确认。即由企业集团公司任命、考核、管理的领导人员，都属于企业集团公司的中高层管理人员。第三种是将上述两种方式融会贯通、有机结合起来确认中高层管理人员。至于各企业集团公司采用哪种途径，由各自的党政工协商确定。

对于企业集团公司职工代表大会一线职工代表的确认，除中高层管理岗位之外，其他岗位都可视为一线岗位。而这些一线岗位中，既包含直接从事生产服务、专业技术及辅助岗位的普通职工，也包含处在各层级管理岗位的人员。因此，各企业集团公司应当全面综合确定企业集团公司职工代表大会的一线职工代表构成，尤其是要保证有一定比例直接从事生产服务、专业技术的普通职工代表参加职工代表大会，防止企业集团公司职工代表演变成领导干部和管理人员大会。

32 企业集团公司职工代表大会的代表应当如何产生？

由于企业集团公司与所属基层单位不同，集团公司职工代表大会的代表产生程序比所属基层单位职工代表大会的代表产生程序要相对复杂，需要周密设计。

（1）制定选举办法。企业集团公司应当结合实际情况制定本企业集团公司职工代表大会职工代表选举办法，其内容主要包括职工代表的总人数、比例结构，各基层单位职工代表的名额分配、各基层单位选举职工代表的具体程序规定等。该办法经集团公司党政工协商确定后，应下发到下属各单位、各选区。需要注意的是，集团公司主要领导可以作为职工代表大会的代表候选人，将名额下放到基层选区，但不占基层单位名额，并由基层单位职工代表大会民主选举产生。

（2）合理划分选区。一般以企业集团公司所属子公司、分公司、直管单位和集团机关本部为选区。对于特别小的单位，可考虑合并进行。

（3）所属基层单位工会提出本单位参加集团公司职工代表大会的代表候选人，提交党政审核确定后，由基层单位职工代表大会民主选举产生。

（4）按民主程序选举职工代表。所属各基层单位或选区选举时应有本选区 2/3 以上职工或职工代表参加；候选人须获得选区全体职工或职工代表半数以上赞成票方可当选。各级工会应当做好各选区选举记录、选票归档等工作以备查阅。至于企业集团公司职工代表是否实行差额选举，可由各单位行政与工会协商确定。

（5）及时公布选举结果。各选区应当将选举结果当场公布。

（6）企业集团公司职工代表大会代表资格审查委员会对各选区上报的职工代表进行资格审查，并在企业集团公司职工代表大会预备会议上作代表资格审查报告并予以确认。

33 劳务派遣人员是否可以参加企业集团公司职工代表大会?

《企业民主管理规定》第九条明确规定，“有女职工和劳务派遣职工的企业，职工代表中应当有适当比例的女职工和劳务派遣职工代表”。这一规定明确了劳务派遣人员是有当选职工代表资格的。

当前，随着劳务派遣群体日益扩大，劳务派遣人员的权益问题受到社会各方面的广泛关注和重视。职工代表大会是职工行使民主管理的权力机构，是协调劳动关系的重要制度，也是保障职工群众民主权利，维护他们自身权益的制度平台。劳务派遣人员作为普遍劳动者，虽然他们的劳动关系建立在用人单位，但参加实际工作却是在用工单位，他们的主要劳动权利和义务都是在用工单位实现的。用工单位的规章制度、劳动标准条件等，劳务派遣人员与正式职工一样都要遵照执行，由此，他们的民主权利与切身利益事项就息息相关，如果人为地将他们的民主权利与切身利益事项相隔离，社会不公问题就会出现，劳动关系不稳定因素就会增加。因此，实行劳务派遣人员参加用工单位职工代表大会既是现实之需，也在情理之中。企业集团公司应当通过党政工协商确定劳务派遣人员参加职工代表大会的具体办法。

34 企业集团公司职工代表大会是否可以设列席代表和特邀代表？

企业集团公司可以根据实际情况和职工代表大会会议的内容需要，邀请在本集团系统有一定影响力和代表性的非职工代表列席职工代表大会。其总数一般不宜超过正式职工代表的 10%。列席代表和特邀代表可以在职工代表大会或代表团（组）会议上发言，提出意见建议，但没有表决权和选举权，不能当选为职工代表大会主席团成员。

35 如何确定企业集团公司职工代表大会的议题和议案？

《企业民主管理规定》第十八条明确规定，“职工代表大会议题和议案应当由企业工会听取职工意见后与企业协商确定，并在会议召开七日前以书面形式送达职工代表”。议题议案是职工代表大会发挥作用的核心内容，也是职工代表大会成功召开的关键。好的议题议案可以起到凝聚人心、启发心智、鼓舞干劲、解决问题和化解矛盾的作用；不当的议题议案则可能会增加或激化矛盾，影响稳定和发展。而企业集团公司职工代表大会重点应关注涉及企业集团公司改革发展的全局性、根本性、指导性的重大事项，以及涉及职工切身利益带有普遍性、倾向性的重大问题。因此，企业集团公司职工代表大会议题议案的确定至关重要。在实践中，需要切实把握以下环节：

（1）把握议题议案征集环节。集团公司工会或职工代表大会提案专门委员会（小组）在职工代表大会召开前的一定时间内，围绕集团公司职工代表大会的主要任务和目标，向集团公司所属基层单位发出征集议题议案的通知，也可组织所属基层单位工会开展职工代表提案征集活动，或是通过各种途径广泛征求、充分听取干部职工的意见建议，全面了解干部职工对集团公司改革发展、重要规章制度和涉及职工切身利益重大问题的真知灼见，并通过职工代表团（组）长会议和职工代表大会专门委员会（小组）会议磋商，初步形成本次职工代表大会议题议案的草案。

（2）把握党政工组织协商环节。集团公司工会应当将初步拟定的职工代表大会议题议案草案与集团公司党政主要负责人协商，根据党政主要负责人的意见建议予以修改完善，并提交集团公司党政领导班子会议审核，形成职工代表大会议题议案正式意见。在这一过程中，职工代表大会提案专门委员会（小组）要注意审核议题议案是否符合政策法规、是否属于职工代表大会职权范畴等。

（3）提交职工代表大会预备会议审核环节。在企业集团公司职工代表大会预备会议上，由集团公司工会提出大会议题议案的建议稿，提交预备会议审核，通过后方可作为职工代表大会正式议题议案。

（4）以书面形式送达职工代表环节。按照《企业民主管理规定》，企业集团公司应当将职工代表大会的议题议案在会议召开七日前以书面形式送达职工代表，以确保职工代表根据议题议案做好相应工作准备。

36 企业集团公司职工代表大会审议材料应当提前多久交给职工代表，期间职工代表团（组）和工会应当如何发挥作用？

《中华全国总工会办公厅关于规范召开企业职工代表大会的意见》第十八条明确规定，“需要通过职代会讨论表决事项的相关材料，一般应当在会前不少于 7 个工作日，以书面形式送达职工代表，由职工代表团（组）长组织职工代表充分讨论和征求选区职工的意见”。

职工代表大会是一系列的制度设计。包括会前审议讨论、会中履行职权、会后宣传贯彻、日常民主管理等多个环节，旨在通过完整的制度体系扩展职工民主参与的深度与广度。实践中，不少企业职工代表大会召开时间都控制在一天或半天之内，职工代表大会上的讨论表决程序更多表现为职工代表对有关事项最终的态度，即认可或不认可，而职工代表就这些事项的认知或接受过程更多体现在会前的审议讨论，以及就有关事项协商修改过程中。因此，在职工代表大会召开之前，组织职工代表对有关事项进行充分审议讨论，对有关方案、草案反复协商修改，这一过程对于取得职工代表的广泛认同，提升方案或草案的公正性和合理性，确保职工代表大会的顺利进行，完成预期任务具有十分重要的意义。因此，会前讨论审议的过程是职工代表大会制度设计中不可或缺的程序。

企业集团公司在此期间，要重点做好以下几项工作：

（1）对提交职工代表大会讨论表决的材料要在职工代表大会召开前的至少 7 个工作日，以书面形式送达职工代表，给职工代表的审议讨论留下足够时间，同时，职工代表应当征集选区职工群众的意见和建议。

（2）集团公司工会应当会同党政有关部门共同组织各职工代表团（组）讨论。借助团（组）讨论这一平台，帮助职工代表深刻理解和领会讨论表决的会议材料精神，激发和凝聚职工代表的集体智慧，统一职工代表的思想认识和共识。

（3）集团公司工会要做好职工代表团（组）讨论审议意见的收集、整理和反馈工作。工会作为职工代表大会的工作机构，应及时收集整理各代表团（组）讨论审议的意见和建议，认真进行相关分析，并及时向企业集团公司反馈。其中，对涉及企业集团公司经营管理有关事项，工会应当向企业集团公司行政提出修改完善的建议；对涉及职工切身利益事项，工会应当与企业行政协商，对某些特别重大但又存在不同意见的事项，工会认为有必要的，应当在集团公司党组织的协调下，进一步加大与行政的协商力度，共同修改完善相关方案草案，然后提交职工代表大会，履行相应民主程序。

37 企业集团公司职工代表大会预备会议主要职责有哪些?

职工代表大会预备会议是专门为职工代表大会做各项准备工作的会议。预备会议一般由集团公司工会主持召开，全体职工代表参加。预备会议的主要职责包括：

（1）选举产生大会主席团。

（2）审议本届（次）职工代表大会筹备工作情况的报告。

（3）审议通过本届（次）职工代表大会的议题、议案和议程。

（4）审议通过本届（次）职工代表资格审查委员会（小组）有关职工代表资格审查情况的报告。

（5）审议通过职工代表大会表决办法。

（6）审议通过职工代表大会总监票人和监票人名单草案。

（7）审议通过其他有关事项。

38 企业集团公司职工代表大会正式会议的主要程序是什么？

企业集团公司职工代表大会正式会议由主席团推选的主持人主持。职工代表大会正式会议必须严格按照预备会议审议通过的议程，依照规定的民主程序，严格认真、严肃规范地进行。其主要程序一般包括：

（1）会议主持人核实出席大会的职工代表人数，到会职工代表超过代表总数的 2/3，即可宣布开会，并首先报告本次职工代表大会代表出席情况，确认大会召开的有效性。

（2）听取需要提交职工代表大会审议或审议通过的有关工作报告、涉及职工切身利益事项方案或草案的情况说明。

（3）听取需要接受职工代表大会民主评议人员的述职、述廉报告。

（4）审议有关报告、方案或草案，可采取分组讨论、现场互动等方式，职工代表应当充分表达意愿和诉求，提出意见和建议。

（5）审议通过有关方案或草案。

（6）对有关人员进行民主选举。

（7）对有关人员进行民主测评。

（8）审议表决职工代表大会决议，进行大会总结。

39 企业集团公司职工代表大会主席团应当怎样设置，其主要职责是什么？

《企业民主管理规定》第十九条明确规定，“职工代表大会可以设主席团主持会议。主席团成员由企业工会与职工代表大会各团（组）协商提出候选人名单，经职工代表大会预备会议表决通过。其中，工人、技术人员、管理人员不少于百分之五十”。

企业集团公司一般都是规模较大的单位，因此，职工代表大会主席团的人员设置应当相对较多。一些地方省区市就明确“职工代表人数在三十人至一百人的，主席团可以设三至五人；职工代表人数在一百人以上的，主席团人数不得少于七人”。因此，企业集团公司可以根据本单位实际情况，在职工代表大会实施办法中明确主席团的具体人数，也可以通过党政工组织协商确定。但主席团成员中，普通的一线职工代表不得少于 50%。

职工代表大会主席团不是职工代表大会的常设机构，也非职工代表大会的决策机构，其主要职责是处理职工代表大会会议期间的相关事项，主要包括：

（1）主持召开职工代表大会，统筹大会期间的各项活动，处理大会召开期间发生的问题。

（2）听取和综合各代表团（组）对各项议题审议的意见，审议大会议程。

（3）组织各代表团（组）审议列入大会议程的议案。

（4）决定各代表团（组）和代表在会议期间提出的罢免案、质询案的审议程序。

（5）研究大会议题中需要通过和决定的事项，草拟大会决议。

（6）主持选举。

（7）处理大会期间发生的其他问题。

40 企业集团公司职工代表大会选举和表决的规则方式是怎样的?

《企业民主管理规定》第二十条明确规定，“职工代表大会选举和表决相关事项，必须按照少数服从多数的原则，经全体职工代表的过半数通过。对重要事项的表决，应当采用无记名投票的方式分项表决”。这里所说的“选举”，是指职工代表大会民主选举权所规定的人员，即职工代表大会民主管理专门委员会（小组）成员、职工董事、职工监事等；这里所说的“表决相关事项”，主要是指职工代表大会审议通过职权事项，即涉及职工切身利益的重大事项及企业重要的规章制度、集体合同草案等内容。

由于企业集团公司的职工代表来自集团系统不同层级所属基层单位、不同生产管理岗位，每个群体的职工代表对选举的人员和审议通过的事项都会有不同的看法和意见，除了各级党政工组织要积极做好职工代表思想工作、充分发扬民主、反复沟通交流，听取各方意见，不断完善方案草案，使选举和表决事项能够充分体现大多数人意愿外，还必须通过民主票决方式，以体现每名职工代表的真实意愿。因此，企业集团公司职工代表大会选举和表决相关事项时，必须逐项进行，通过无记名的票决方式，经全体职工代表的过半数通过方可有效。这里所说的“全体”是指应到的全部职工代表，而非实到的职工代表。

职工代表大会这种少数服从多数的原则，充分体现了民主理论的核心要义。当今社会，任何一个经济组织要决定一项重大决策、通过一项重大方案，不可能百分之百的人员都赞成，这就需要以当今社会公认的民主原则来解决这一问题。这样，能够使得职工代表大会形成相对统一的意见，以体现和维护大多数职工的意愿，提高选举人员的认可度和审议通过事项的执行力。

此外，《企业民主管理规定》第二十一条第一款规定，“职工代表大会在其职权范围内依法审议通过的决议和事项具有约束力，非经职工代表大会同意不得变更或撤销”。企业集团公司应当提请职工代表大会审议、通过、决定的事项，未按照法定程序审议、通过或者决定的无效。

41 如何将企业集团公司职工代表大会的审查监督等事项落实到基层单位？

虽然说职工代表大会是企业管理制度题中应有之义，

上级集团公司职工代表大会对所属基层单位职工代表大会具有指导、规范、管控和制约等作用，但是，企业集团公司的职工代表大会只是集团系统层面民主管理的制度平台，由职工代表大会审议或审议通过并决定的事项，必须纳入集团公司经营决策和管理体系中，通过对所属基层单位赋有上下级领导与被领导关系的党政工组织的行政指令，才能对所属基层单位产生作用。同样，所属基层单位的职工代表大会也属于基层单位民主管理的制度平台，上级集团公司职工代表大会决定和要求的事项，也必须由基层单位从实际出发，按照上级集团公司党政工组织的总体框架和原则方案，酝酿细化具体办法措施，并通过党政工协商确定后形成方案草案，提交本级职工代表大会审议或审议通过后实施，以此形成上下级多级职工代表大会制度的联动。

此外，企业集团公司职工代表大会的审议建议权、审议通过权和审查监督权是职工代表大会各项职权中重要的职权。这三项职权涉及的内容必然会涉及集团系统所属基层单位的各个层面劳动关系重大问题和职工切身利益重要事项的调整。因此，需要企业集团公司党政工组织将这三项职权内容所形成的决议，通过制度文件方式要求所属基层单位认真遵照执行。

42 企业集团公司职工代表大会联席会议由哪些人员组成，职责是什么？

《企业民主管理规定》第十二条第一款明确规定，“职工代表按照基层选举单位组成代表团（组），并推选团（组）长。可以设立职工代表大会团（组）长和专门委员会（小组）负责人联席会议，根据职工代表大会授权，在职工代表大会闭会期间负责处理临时需要解决的重要问题，并提请下一次职工代表大会确认”。

职工代表大会联席会议是企业集团公司在职工代表大会闭会期间，对需要及时处理和临时解决的某些重要事情进行协商、达成共识，作出临时处理的制度。联席会议由集团公司工会主席主持。联席会议可以根据讨论审议的内容邀请企业集团公司党政负责人或其他有关人员参加。

《中华全国总工会关于推行企业集团职工代表大会制度的意见》明确要求，企业集团公司职工代表大会闭会期间，有需要临时解决涉及职工切身利益的重要问题可由集团公司工会组织召集职工代表团（组）长和专门委员会（小组）负责人联席会议协商处理。联席会议必须有各代表团（组）长参加；协商讨论解决属于企业集团公司职工代表大会职权范围内的事项必须由企业集团公司职工代表大会授权，并提请下一次企业集团公司职工代表大会确认。

注意：《中华全国总工会关于推行企业集团职工代表大会制度的意见》特别强调，企业集团公司遇有确需经集团公司职工代表大会审议或审议通过的重大事项，按规定召开临时集团公司职工代表大会履行相应民主程序，而不能以联席会议取而代之。同时，该《意见》还明确，企业集团公司改革改制方案必须经企业集团公司职工代表大会审议，国有及其控股企业集团公司职工安置方案必须经企业集团公司职工代表大会审议通过，不可由联席会议替代企业集团公司职工代表大会行使职权。

43 企业集团公司是否可以通过召开网络职工代表大会履行民主程序？

《中华全国总工会关于推行企业集团职工代表大会制度的意见》明确指出，职工人数众多、地域分布广的企业，在企业集团公司职工代表大会召开形式上可探索线上和线下相结合的方式，但在涉及重要事项表决时，应集中现场开会，以保障职工真实意愿的表达。

企业集团公司作为组织规模庞大、管理层级较多、地域分布散而广的大型经济组织，充分运用互联网信息手段，探索推进“互联网＋民主管理”，是众多企业的不二选择。网络职工代表大会是现场职工代表大会的补充。企业集团公司应当每年至少召开一次现场职工代表大会，对因客观情况，或遇突发性、临时性、紧急性事项无法召开现场职工代表大会的，在满足下列条件情况下，可以通过召开网络职工代表大会履行相应的民主程序：

（1）企业集团公司网络职工代表大会系统的建设开发、运行维护应当符合国家有关网络数据安全保护的相关标准与要求，确保上传的企业集团公司经营管理信息、职工代表个人信息，以及产生的各类投票信息不被篡改、不被泄露。

（2）必须按照职工代表大会制度的各项要求，科学合理地研发网络职工代表大会系统，要确保职工代表大会相关程序的规范性。例如，职工代表大会会议方案要按规定程序报批；职工代表大会相关材料要提前 7 天通过网络系统发给职工代表审议，认真收集并处理职工代表提出的意见建议，进一步完善相关议案；在正式召开网络职工代表大会时，要严格做好监票、计票等工作；审议结果要在 7 个工作日内向全体职工公布。以此确保网络职工代表大会依法规范，其所通过的各项方案草案和决议与企业集团公司现场职工代表大会具有同等法律效力。

（3）必须确保召开网络职工代表大会所产生的数据信息全过程客观真实记录，并在具备法定条件时可以调取查用。

44 企业集团公司职工代表大会应当设立哪些民主管理专门委员会（小组），其工作职责是什么？

《企业民主管理规定》第十一条明确规定，“职工代表大会根据需要，可以设立若干专门委员会（小组），负责办理职工代表大会交办的事项。专门委员会（小组）成员人选必须经职工代表大会审议通过”。

民主管理专门委员会（小组）是为职工代表大会依法行使职权服务的专门工作机构，是加强职工代表大会会议与日常民主管理活动之间内在联系的重要工作载体。

民主管理专门委员会（小组）负责人，应当在职工代表中提名；成员可以聘请熟悉相关业务的非职工代表，但必须经职工代表大会审议通过。实践中，企业的相关职能部门负责人一般不宜担任对口专门委员会（小组）的负责人，以确保民主管理专门委员会（小组）的民主参与、民主监督等作用落到实处。

民主管理专门委员会（小组）的职责主要是组织职工代表开展民主管理专项活动，办理职工代表大会交办的有关事项。具体而言有下列几项内容：

（1）开展与本专门委员会（小组）专项内容对口的专题调研、巡视检查、督促落实、提案处理等工作。

（2）在职工代表大会召开期间，对提交职工代表大会审议、审议通过或审查监督的事项，且与本专门委员会（小组）专项内容有关的重要事项，提出专业的分析报告或具体建议。

（3）在职工代表大会闭会期间，对提交职工代表大会联席会议协商处理的重要事项，提出专业的分析报告或具体建议。

（4）配合工会组织开展相关日常民主管理活动，及时反映职工群众的意见、建议和诉求。

（5）办理职工代表大会交办的其他事项。

设立民主管理专门委员会（小组）有利于引导和帮助职工代表更好地履行职责，有利于提升职工代表大会的运行质量，有利于推动各项日常民主管理活动更有效性地开展。

注意：企业集团公司可以根据集团系统实际和所属基层单位特性，结合职工代表大会职权内容和需要，设立劳动关系、职工福利待遇、安全生产、民主评议、职代会提

案、民主管理质量评估等若干个专门委员会（小组），完成职工代表大会交办的有关事项；也可以根据工作需要设立一些临时性的民主管理专门委员会（小组），待承担的特定工作结束后予以撤销。

45 企业集团公司职工代表大会巡视检查制度应当如何开展？

巡视检查制度是职工代表大会非常重要的一项具体工作制度，它对贯彻落实职工代表大会决议决定起着非常关键的作用。企业集团公司职工代表大会的巡视检查工作应当每年举行一次，并将巡视检查工作与职工代表大会的审查监督事项有机结合，其主要内容为：

（1）企业集团公司职工代表大会审议通过的重要事项和决议的贯彻落实情况。

（2）企业集团公司集体协商制度在各所属基层单位贯彻落实情况，各所属基层单位的集体合同和专项集体合同的履行情况。

（3）企业集团公司职工代表大会提案的办理情况。

（4）企业集团公司及所属各基层单位贯彻执行劳动法律法规的情况。

（5）企业集团公司及所属各基层单位经营发展和职工关注的其他热点难点问题。

巡视检查人员可以由企业集团公司职工代表大会的部分代表、民主管理专门委员会（小组）成员以及所属基层单位党政工干部等组成。企业集团公司可根据巡视检查内容，确定相关熟悉专业知识的职工代表。对于巡视检查中发现的问题要及时提出整改意见和建议，督促被检查单位或部门提出整改措施和时间计划，限时整改并跟踪落实，同时，还应当将巡视检查和所属基层单位或部门整改的总体情况形成书面材料，提交下一次企业集团公司职工代表大会，接受职工代表的审查监督。

实践中，部分企业集团公司既重视集团公司各职能部门及所属各基层单位对企业集团公司职工代表大会决定决议贯彻落实情况的检查，也注重给被巡视的所属基层单位展示职工参与企业管理、协调劳动关系密切干群关系等方面的经验做法。很好地将每年的巡视检查工作当作一次集团系统所属基层单位民主管理的工作交流、成果展示，当作集团系统兄弟单位互帮互学的工作平台，从而开阔了所属基层单位党政工领导和职工代表的视野，让他们能跨出岗位、单位，亲身感受集团系统所属各单位的生动局面和真实成果，亲身体验和观察不同工序、不同工种、不同岗位管理状况和技能水平，加深理解企业集团公司发展战略、管理理念、企业文化，树立了全局观念，进而促进了集团系统良性循环、健康发展。

46 企业集团公司职工代表大会提案工作制度应当如何开展？

职工代表大会提案是指职工代表在广泛征集职工群众意见的基础上，经过调查研究，就企业生产经营管理和改革发展，以及涉及职工切身利益重要问题，按照规定程序要求，提请职工代表大会讨论处理的意见和建议。提案工作是职工代表大会非常重要的一项具体工作制度，是广大职工代表通过提案行使民主管理权利、参与企业民主管理的重要途径。

企业集团公司职工代表大会提案的主要内容应当包括，企业集团公司及所属基层单位经营管理和职工切身利益重大事项等各方面的问题。具体而言，企业集团公司可以围绕企业党建工作、改革发展、生产经营、薪酬福利、劳动人事、劳动保护和劳动安全、产业工人队伍建设和技能提高、职工职业发展、企业文化、干群关系等各个方面，组织开展提案工作，完善企业集团公司经营管理，维护集团系统职工权益和队伍稳定，促进企业集团公司与职工共同发展。

职工代表提案应当以书面形式提出，规范、完整的提案一般应包括案由、理由、整改办法或措施，以及提案人、附议人等要素。其中，对提案人的要求，一般为一名职工代表提出，两名以上职工代表附议。提案应当一事一议，简明扼要，符合实际，切实可行。

企业集团公司职工代表大会提案工作一般按照下列程序开展：

（1）职工代表大会筹备期间，企业集团公司应当集中向职工代表征集提案，具体由各代表团（组）组织实施，各代表团（组）可以就某项议题开展调查研究，并组织相关职工代表和专业人员论证后，提出提案。

（2）职工代表大会提案专门委员会（小组）负责收集整理职工代表提案，联合集团公司专业对口的相关职能部门对提案进行审理，并根据提案的内容、可行性情况等提出“立案”“建议”“不予受理”的意见。

（3）将“立案”和“建议”的提案分别填写提案审理单，根据事项内容分送企业集团公司分管领导批阅后，转送有关职能部门或所属基层单位实施。

（4）职工代表大会提案专门委员会（小组）应当将提案各类处理情况答复提案人。

（5）职工代表大会提案专门委员会（小组）应当督促

提案办理部门或所属基层单位在规定时间内完成提案办理工作，并负责审查汇总提案落实情况，及时反馈给提案人，征求提案人对提案审理情况的满意度、意见和建议。

（6）职工代表大会提案专门委员会（小组）应当将提案落实情况形成书面材料，向下一次企业集团公司职工代表大会报告，接受职工代表的审议。

47 企业集团公司职工代表大会应当如何对所属基层单位集体协商、集体合同制度开展监督检查和质效评估？

《中华人民共和国工会法》《劳动合同法》都明确，企业职工一方与用人单位通过平等协商，可以就劳动报酬、工作时间、休息休假、劳动安全卫生、保险福利等事项订立集体合同。集体合同草案应当提交职工代表大会或者全体职工讨论通过。同时，《劳动合同法》第七十八条规定，“工会依法维护劳动者的合法权益，对用人单位履行劳动合同、集体合同的情况进行监督。用人单位违反劳动法律、法规和劳动合同、集体合同的，工会有权提出意见或者要求纠正；劳动者申请仲裁、提起诉讼的，工会依法给予支持和帮助”。《企业民主管理规定》第十三条，也明确要求企业用工、劳动合同和集体合同签订履行情况应当向企业职工代表大会报告，接受职工代表的审查监督。

企业集团公司及所属基层单位的集体协商和集体合同制度执行的好坏，对整个集团系统构建和谐劳动关系、维护职工权益、促进企业发展至关重要。因此，对集团公司和所属基层单位开展集体协商、履行集体合同情况的监督检查，并开展质效评估至关重要，而职工代表大会在其中要发挥应有作用，必须做好以下几个方面工作：

（1）企业集团公司应当结合法律法规和上级党政工组织文件的新要求，在职工代表大会制度和集体协商规则中明确对所属基层单位开展集体协商，履行集体合同情况开展监督检查的工作要求和评价标准。比如，中华全国总工会办公厅制定下发了《深入开展集体协商质效评估工作方案》，企业集团公司可以根据这一工作方案，将对集团公司和所属基层单位开展集体协商、履行集体合同情况的监督检查与质效评估工作有机结合，制定实施方案。

（2）企业集团公司的监督检查和质效评估方案主要内容应当包括：企业集团公司集体协商规则要求，所属基层单位应当在加强组织领导和制度建设、落实相关主体责任、推动有关工作有效落实等方面的总体规定；所属基层单位在规范集体协商的代表产生、协商准备、议题确定、协商过程、审议通过、审查备案等程序方面的总体要求；

集团公司对所属基层单位在集体协商制度和集体合同、专项集体合同的内涵质量以及履约情况的标准和规定；集团公司职工群众对所属基层单位开展集体协商、履行集体合同情况的参与率、知晓率、满意率和企业认可率的工作标准等；集团公司要求每年开展监督检查和质效评估的时间节点、方法途径，以及对所属基层单位应当重视支持的工作要求等。企业集团公司应当将实施方案以集团公司的制度文件下发，以便所属基层单位认真执行。

（3）按照实施方案的要求，应当每年至少一次组织职工代表大会的职工代表开展监督检查和质效评估，或是根据上级党政工组织的要求和集团公司的实际，就劳动保护或安全生产、女职工特殊权益维护等某个专项的集体合同落实情况进行监督检查和质效评估。在监督检查和质效评估中，集团公司应当组织职工代表对所属基层单位贯彻落实集团公司集体协商规则，开展集体协商、签订集体合同和专项集体合同，以及履行集体协商成果、兑现集体合同和专项集体合同的总体情况进行全面检查。检查方式可以通过这样几种形式进行：一是听取所属基层单位党政工组织开展集体协商、签订集体合同和专项集体合同、履行集体合同和专项集体合同情况的汇报；二是查阅相关资料，对比集团公司的要求，全面检查所属基层单位的贯彻实施情况；三是组织开展职工群众的问卷调查，全面了解所属基层单位对集体协商和集体合同的认可率，职工群众对集体协商和集体合同的参与率、知晓率、满意率；四是根据所属基层单位情况，适时召开职工代表座谈会或个别访谈，深入细致地了解所属基层单位开展集体协商和履行集体合同的相关情况等。

（4）对监督检查情况开展质效评估。集团公司应当结合集团系统的集体协商评价标准，全面审视所属基层单位开展集体协商、签订集体合同和专项集体合同、履行集体合同和专项集体合同，以及职工群众对集体协商、集体合同和专项集体合同履约情况的知晓率、满意率，集体协商制度对促进企业发展和职工权益维护等总体情况予以综合评判。评判时，既要肯定所属基层单位好的做法和经验，更要查找存在的不足和问题短板，要求基层单位予以整改，并持续跟踪，推进企业以不断改进方式持续提高集体协商的质量和水平。

（5）应当将对所属基层单位的监督检查和质效评估总体情况，纳入企业集团公司劳动关系总体状况报告之中，提交下一次企业集团公司职工代表大会审议，集团公司党政工组织应当重视在监督检查和质效评估中发现的问题，有针对性地制定措施办法，推动所属基层单位整改落实。

48 企业集团公司应当如何建立完善企业集团公司领导层与基层单位职工沟通交流制度？

职工代表大会不仅是一年一次或两次的大会，它还是一项贯穿于企业集团公司全年，由组织制度、工作制度和日常沟通机制等共同组成的民主管理制度体系。在职工代表大会闭会期间，企业集团公司除了开展职工代表大会提案、巡视检查、质量评估等日常工作之外，架起企业集团公司领导班子与集团系统各基层单位职工群众的沟通联系桥梁，全面了解掌握他们的工作生活状况、利益诉求，以及他们对企业经营管理、文化建设、融洽干群关系等方面的真知灼见，对于促进企业集团公司劳动关系和谐、良性健康发展至关重要。与此同时，不少企业集团公司在落实职工代表大会民主评议领导人员时也反映，来自基层的一线职工代表，平时对集团公司领导班子接触不多、了解不深，让他们在职工代表大会上对领导班子和成员进行民主测评，担心他们难以把握分寸，无法客观真实地进行民主评议，进而影响民主评议质量。

实践中，一些企业集团公司探索建立集团公司党政负责人联系基层职工制度，通过集团公司工会组织建立集团系统党政负责人与基层一线职工代表双月沟通会、员工沙龙、金点子圆桌会议等，全面了解基层职工对促进企业发展、改善经营管理、提高职工职业技能与薪酬福利、加强对职工关心关爱、密切干群关系等方面的真实想法和意见建议，取得了很好的效果。也有部分企业集团公司为了更好地让一线基层职工代表加深对集团公司领导班子的认识，探索推进了一线职工代表旁听集团总裁办公会议，每次视情况吸纳一定比例的一线职工代表参会并发表意见建议，同样取得了较好的成效。

企业集团公司领导层与基层一线职工代表保持经常性的日常沟通，有利于集团公司领导班子了解掌握最基层单位和职工的真实情况，也有助于职工代表在职工代表大会上对集团领导人员客观真实地行使民主评议权。与此同时，《企业民主管理规定》《中华全国总工会关于推行企业集团职工代表大会制度的意见》等制度文件也要求企业领导班子和领导人员在职工代表大会闭会期间，通过制度机制性渠道，架起与基层职工群众的沟通桥梁，以更好地促进集团公司的科学管理，密切干群关系，构建和谐稳定的劳动关系。

49 企业集团公司工会作为职工代表大会工作机构应当履行哪些工作职责?

企业集团公司工会作为职工代表大会的工作机构，在职工代表大会筹备和召开期间，应履行下列职责：

（1）组织开展职工代表的选举、撤换、培训等工作。

（2）做好职工代表大会所需文件的准备工作。

（3）提出职工代表大会主席团成员、民主管理专门委员会（小组）成员候选人建议名单，董事会、监事会中的职工代表候选人建议名单。

（4）代表职工与企业集团公司行政开展集体协商，形成集体协商规则、集体合同草案、专项集体合同草案和起草说明、集体协商情况的报告等。

（5）组织职工代表团（组）在会前和会中对提交职工代表大会审议和审议表决的事项进行讨论，汇总整理意见，并与集团公司行政协商修改。

（6）负责职工代表大会其他筹备和组织工作。

企业集团公司工会应当在集团公司党委的领导下，会同党委宣传部门和党办、行政办，宣传好职工代表大会的决议和精神，通过集团公司网站和内刊等公布大会决议和精神。同时，集团公司工会在职工代表大会闭会期间，还应当履行下列职责：

（1）发动集团公司所属基层单位工会组织，动员集团系统广大职工认真执行职工代表大会决议，督促决议的落实和提案的办理。

（2）建立与职工代表的联系制度，受理职工代表的申诉和提案，维护职工代表的合法权益。

（3）组织职工代表、民主管理专门委员会（小组）开展提案、巡视检查、质量评估等日常民主管理活动。

（4）完成职工代表大会交办的其他工作。

（5）汇总整理职工代表大会的相关资料，形成大会文书档案，做好归档工作。

50 企业集团公司应当如何推进完善企业民主管理制度？

企业集团公司工会应当注重结合集团系统自身特点，通过推进建立职工代表大会提案、巡视检查、质量评估、职工代表管理和日常民主管理等工作制度，形成集团上下干群相互沟通、各基层单位互为学习借鉴、各层面职工广泛参与的民主管理工作格局。

2020年12月，国务院国资委、财政部下发了《关于印发〈国有企业公司章程制定管理办法〉的通知》，该《国有企业公司章程制定管理办法》（以下简称《管理办法》）第二章明确，国有企业公司章程一般应当包括但不限于以下主要内容：总则；经营宗旨、范围和期限；出资人机构或股东、股东会（包括股东大会）；公司党组织；董事会；经理层；监事会（监事）；职工民主管理与劳动人事制度；财务、会计、审计与法律顾问制度；合并、分立、解散和清算；附则。

《管理办法》给集团公司工会推进民主管理进入企业集团公司管理制度体系奠定了坚实有力的基础。集团公司工会应当借助政策文件优势，充分运用党政组织力量，推进企业集团公司民主管理制度纳入集团公司管控制度体系：

一是要明确将以职工代表大会为基本形式的民主管理制度写入企业集团公司章程；同时，要推动民主管理制度纳入企业集团公司的内控管理制度体系，融入日常经营管理的各项流程之中。

二是要结合企业集团公司实际，制定本集团公司职工代表大会的实施办法，明确集团公司职工代表大会的职权内容、职工代表、组织制度、议事规则和工作制度等。

三是要在制度体系中明确职工代表大会制度与职工董

事制度、职工监事制度、厂务公开制度、集体协商和集体合同制度以及劳动争议调解制度之间的相互关系，促进这些制度相互作用，互为促进，效应叠加。

第二部分

企业集团公司职工代表大会案例及评析

案例 1

顶层设计多级职工代表大会制度体系

中国宝武钢铁集团有限公司（以下简称中国宝武）作为国务院国资委直接管理的中央企业，早在 2006 年，宝钢尚未与武钢联合重组之前，集团公司就根据自身规模比较大、组织结构比较复杂的特点，探索建立大型企业集团公司多级职工代表大会制度，与武钢联合重组后，集团公司更是坚持职工代表大会制度与企业管控制度相匹配原则，系统设计、上下分工、互为一体，从而形成了较为完备的多级职工代表大会管理体系。

一、分层分类设计多级职工代表大会体系架构

中国宝武从公司管控模式出发，对职工代表大会体系进行了系统设计，对职权进行统一配置，把职工代表大会制度融入各级企业管理的闭环之中，探索建立“集团型”“公司型”和“工厂型”职工代表大会的多级管理体系。集团公司制定实施了规范各级职工代表大会制度文件，规定凡是以投资管理为主要特征、下属单位以独立法

人公司为主体的公司，都要建立“集团型”职工代表大会；凡是具有相对独立的劳动用工、分配管理的子（分）公司，都要建立“公司型”职工代表大会；凡是具有一定管理权限的生产管理或业务单元，都要建立“工厂型”职工代表大会。集团公司按照公司治理、授权分工、管控方式对各级职工代表大会的职权进行配置，各级职工代表大会的职权上下衔接，相互呼应，形成既体现系统设计，又保证各自独立运行的职权完备的多级职工代表大会体系。每个层级职工代表大会的职权随企业管理权限调整而变化。

二、强化多级职工代表大会运行管理

集团公司对各级职工代表大会的管理细则、代表结构、议案、届期、召开周期和民主管理委员会等运行管理进行了明确规范。规定“集团型”职工代表大会每5年进行一次换届，领导人员比例不大于40%，建立综合民主管理委员会；“公司型”和“工厂型”职工代表大会每3年进行一次换届，领导人员比例不大于20%。其中，“公司型”职工代表大会可结合实际建立生产经营委员会、薪酬福利委员会、民主评议干部委员会、劳动法律委员会和提案委员会等；“工厂型”职工代表大会要建立民主管理专门委员会（小组）或综合民主管理委员会。

集团公司不断完善多级职工代表大会运行管理体系，

确保各级职工代表大会运行规范。在实际工作中注重抓好五个环节。一是各级职工代表大会的议案根据职工代表大会职权的分工确立。如果下一级职工代表大会的议案与上一级职工代表大会有关联，下一级的议案经上一级预审后，方能提交职工代表大会审议。二是各级职工代表大会代表的比例根据职工代表大会类型确定。“集团型”职工代表大会职工代表结构中，领导人员比例可适当提高，一般上一层级职工代表大会的代表，应是下一层级职工代表大会的代表。三是职工代表大会的运行节奏与董事会及公司经营管理的运行节奏相一致。“集团型”职工代表大会的重点内容是组织职工代表讨论审议整个集团的重大事项，一般每年初召开，各子公司职工代表大会在集团职工代表大会之后召开，体现下级贯彻落实上级公司经营目标的连贯性。四是各级职工代表大会民主管理委员会工作和职工代表大会提案各有侧重。集团公司、子公司、业务单元职工代表大会的民主管理委员会，可以根据职权分工，灵活设置。每个层级的民主管理委员会的工作上下呼应，但各有侧重。五是各级工会对下级职工代表大会负有管理、指导职责。每个层级单位建立健全本级的职工代表大会制度，各级工会指导基层职工代表大会规范运行，对基层职工代表大会的议程、议案和换届方案进行预审，确保各层级职工代表大会规范运行。

三、充分落实多级职工代表大会职权事项

一是有效落实审议建议权，切实发挥职工代表参政议政的作用。集团公司各级职工代表大会组织发动职工围绕公司的中心任务献计献策，对企业发展战略、经营管理的重要事项履行审议建议权，促进企业重大事项的科学决策。“集团型”职工代表大会主要审议战略规划、经营方针，“公司型”职工代表大会主要审议经营目标和措施，“工厂型”职工代表大会主要审议生产计划和任务安排。集团公司把职工代表讨论审议总经理（厂长）年度行政工作报告，作为职工代表大会行使审议建议权的重要内容。一般职工代表大会召开前一周，下发总经理（厂长）年度行政工作报告讨论稿，各代表团认真组织代表们讨论，收集意见和建议。集团公司行政主要负责人每年都要在大会召开前数天，专门听取各代表团的审议意见，根据代表们的建议予以修改、完善工作报告。

二是落实审议通过权，畅通职工代表意愿表达渠道，维护职工合法合理权益。集团公司高度重视涉及职工切身利益的核心福利制度，在集团范围内建立健全了企业年金制度和住房补充公积金制度等。这些核心福利制度的原则意见由集团公司制定，并经集团公司职工代表大会审议通过。具体方案再由各子公司根据各主体作用的不同，自行

决定，职工代表大会审议通过后实施。集团公司所属各单位凡制定和出台涉及职工切身利益的规章制度、薪酬福利重大事项、集体合同、产业调整改制中涉及的职工安置方案，都必须提交本单位职工代表大会进行无记名投票，表决通过后方能实施。

三是落实审议监督权、民主选举权和评议监督权，发挥职工代表审议监督作用，形成内部民主制约机制。集团公司重大经营决策及相关事项定期在职工代表大会上公开，执行劳动法律法规政策的情况向职工代表大会报告，领导干部接受职工代表大会民主评议，民主选举职工董事、职工监事等，使企业经营管理者的管理行为受到职工群众的监督，在企业内部建立健全有效的民主制约机制。集团公司职工代表大会每年对企业年金运作和管理情况、职工需求与关注点信息管理情况、职工教育经费上年度使用情况及当年培训计划、厂务公开民主管理工作、职工董事监事履职情况进行审议监督。集团公司还始终坚持职工代表大会民主评议领导人员制度，并在三个方面进行重点拓展：一是拓展评议内容。除对领导人员称职度进行评价外，还对领导人员的能力素质、党政主要负责人履行安全职责情况给出评价意见。二是拓展评议方式。各单位全部通过网络评议，领导人员网上书面述职，职工代表在网上填写评议表。三是拓展评议结果的运用。集团公司工会每年对各子公司的民主评议结果进行系统比对分析，形成专题民主评议结果报告，为集团公司加强领导人员队伍建设提供了重要依据。

四是拓宽民主协商渠道，发挥职工代表大会利益平衡作用。集团公司在推进集体协商工作中，强调合同条款的普惠性和渐进性，即集体合同的标的必须高于或优于国家和地方的基准，集体合同的条款随着企业的发展对职工的保障水平逐步提高，使其成为调整劳动关系、保障职工权益的重要制度。集团公司在推进集体合同制度中，做到“五个必须”：一是独立用工单位必须全部依法建立集体协商制度；二是合同内容必须完整，包括职工劳动报酬（工资协商）、生活福利、职工奖惩、职工休息休假、女职工特殊保护、劳动安全保护、职工教育培训等；三是由职工代表大会选举的协商代表必须充分参与协商过程；四是集体合同必须提交职工代表大会审议表决通过；五是集体合同履行情况必须向职工代表大会报告，接受职工代表大会的监督。

评析： PING XI

中国宝武在推进现代企业制度、完善集团母公司管控制度体系过程中，始终将深化完善包括集团公司多级职工代表大会在内的民主管理制度作为企业科学管理、体系建设的内在组成部分。企业从集团公司管控模式出发，坚持职工代表大会与企业管控制度和体系相匹配，整体谋划、系统集成、科学设计，进而形成了三个非常鲜明的特征：

一是注重使职工代表大会制度有机地嵌入集团系统各层面的经营管理体系中，体现了融入性。中国宝武从管控模式出发，对职工代表大会体系进行系统设计，对职权内容予以统一配置，通过建立完善“集团型”“公司型”和“工厂型”职工代表大会的多级管理体系，很好地把职工代表大会制度融入集团公司及所属各个基层单位管理的闭环之中，进而使企业民主管理与企业经营管理融为“一张皮”，成为现代企业制度和集团公司管控模式的重要组成部分。

二是注重使职工代表大会职权事项有机地与集团系统各层级行政管理权限相衔接，体现了匹配性。中国宝武始终把握集团层面职工代表大会注重对整个集团系统改革发展的全局性、根本性、指导性的重大事项，以及涉及职工切身利益带有普遍性、倾向性的重大问题的知情审议和协商共决，同时，又注重对所属各基层单位职工代表大会的管控指导，很好地使基层企业职工代表大会在遵循集团公司职工代表大会精神和总体原则基础上，从本单位实际出发，细化和完善本单位职工代表大会，从而精准有效地处理好了上下级职工代表大会之间的关系。

三是注重使多级职工代表大会制度体系形成有机联动良性闭环，体现了规范性。中国宝武切实加强对多级职工代表大会制度的运行管理，确保各层级职工代表大会能够有效运行、规范操作。他们明确了各级职工代表大会的管理细则、代表结构、议案、届期等规则，强化职工代表大会管理体系建设，从而使上下级职工代表大会实现了上下配合、互为促进、协同运行的良好局面，从而很好地把企业民主管理建设成为职工群策群力、施展聪明才智的动力平台、构建和谐劳动关系促进企业健康发展的协调平台，促进职工与企业共同发展的共赢平台。

案例 2

以多级职工代表大会制度融入集团经营管理体系

中国建筑第八工程局有限公司（以下简称中建八局）作为国有大型建筑企业集团，多年来，高度重视企业民主管理工作。集团针对区域占位广、项目分散度高、管理跨度大、流动性强等特点，积极推行多级职工代表大会制度，探索形成了以局（集团）职工代表大会为统领，以公司职工代表大会为主体，以分公司职工代表大会为支撑，以项目职工大会为基础的多级职工代表大会运行机制，促进了企业和谐建设和高质量发展。以下是企业的主要做法。

一、加强顶层设计，建立完善与企业管控模式相适应的职工代表大会制度架构

一是健全组织，夯实基础。中建八局党委修订了《关于进一步加强和改进工会工作的实施意见》，对各级工会组织的机构设置、岗位配备、职级待遇等作出明确规定，

特别是要求新开工项目同步成立工会组织，同步推选工会主席，为职工代表大会制度的落实奠定了组织基础。

二是完善制度，融入管理。将规范职工代表大会建设纳入公司章程，融入企业治理结构，完善了《职工代表大会代表选举办法》《职工代表大会提案工作管理办法》等一系列配套文件，依法落实职工董事、职工监事制度，拓宽了企业职工有序参与民主管理的渠道。

三是明确流程，精准实施。按照企业标准化管理要求，编制了《工会工作管理手册》，通过 26 个管理流程图、30 组表单、23 个模板，对职工代表大会召开程序、代表评议、提案办理、职工代表巡视等进行规范，明确了主管部门、协作部门的工作权限和责任分工，实现了业务流程化、标准表单化、工作模板化，促进了职工代表大会的规范化运行。

二、注重分级管理，健全规范四级职工代表大会运行体系

一是整体规划，四级联动。在专题调研的基础上，局党委制定了《关于规范各级职工（代表）大会制度建设的意见》，进一步明确了局、公司、分公司、项目部四级职工代表大会的内容、运行规则、职权范围和职能定位，形成了各级职工代表大会上下衔接、独立运行的工作体系。

二是权责一致，各有侧重。四级职工代表大会依法行使审议建议、审议通过、审查监督、民主评议等职权。局和公司两级职工代表大会更加注重审议涉及企业改革发展和职工切身利益的一些全局性、根本性问题；分公司和项目部职工代表大会侧重项目生产管理和职工具体利益的重大事项，保证了职工代表大会从不同侧面、不同角度反映职工的合理诉求和管理建议。

三是分层实施，合力推进。根据各级管理权限、职工人数、经营规模和区域分布，规定局和公司两级召开职工代表大会；分公司召开职工代表大会或职工大会；项目部召开职工大会。各级工会联动办公室、人力资源、企划等部门，合力推进提案征集答复、决议落实等职工代表大会内容。

三、聚焦重点环节，提升各级职工代表大会运行质量

一是闭环运行，无缝衔接。局和公司均建立了民主管理联席会制度。在职工代表大会闭会期间，依托民主管理联席会议，协商和处理需要解决的重要问题。积极推进项目民主管理议事会制度，定期听取职工对项目管理、劳动保护等方面的意见和建议。近年来，企业通过民主管理联席会，先后审议通过了《中建八局项目人员统一薪酬管理办法》《企业年金实施细则》等一系列制度，基层单位成

立了职工代表巡访团，开展了职工代表巡视等活动，有效保障了闭会期间职工的知情权、参与权、表达权，切实维护了职工的民主权利。

二是延伸服务，共建和谐。企业积极探索将维护农民工权益纳入企业民主管理，印发了《中建八局产业工人技能素质提升实施方案》，制定了产业工人队伍建设 6 个指导手册，着力打造学习培训、技能比武、关心关爱三大平台。尤其是在项目部组建工会联合会，开展农民工集中入会，积极推进工友村和工会工作站建设，创造了“实名制管理、站家式服务、人性化关怀”的农民工服务新模式，有效保障了农民工群体的合法权益。

三是结果导向，力求实效。制定《关于建立企务公开工作责任制落实责任追究的实施办法》，明确党政工及相关部门的职责及责任追究内容。把职工代表大会制度的要求纳入年度党建综合检查、领导班子述职、工会主席岗位目标管理，考核结果与领导人员的年薪收入、先进单位评选挂钩，使民主管理的“软任务”变成了工作的“硬指标”。同时，企业高度重视网上工会的建设，依托局党建 E 通工作平台，不断完善工会模块建设，实现了职工代表提案网上征集、职工代表大会换届网上审批、职工会员意见网上管理，促进了企业民主管理工作的网络化、便捷化、高效化。

附 1：中建八局各级职工（代表）大会职权

五项职权	具体内容	局级	公司级	分公司级	项目
审议建议权	1. 战略发展规划及执行情况	√	√	√	
	2. 年度经营管理情况及重要决策	√	√	√	√
	3. 企业制定、修改、决定直接涉及职工切身利益的规章制度或者重大事项，以及改革改制涉及劳动关系变更的方案	√	√	—	—
	4. 工会与企业进行集体协商的情况	√	√	—	—
	5. 职工代表大会工作机构的工作情况	√	√	√	√
	6. 本单位财务预决算等重要事项	√	√		
	7. 法律法规规定或者本单位与工会协商确定应当向职工代表大会报告的其他事项	√	√	√	√
审议通过权	1. 涉及劳动报酬、工作时间、休息休假、保险福利等事项的集体合同草案	√	√	—	—
	2. 工资、女职工权益保护、职业健康安全等三个专项集体合同草案	√	√	—	—
	3. 员工手册	√	√	—	—
	4. 薪酬分配制度、业绩考核及奖惩办法	√	√	—	—
	5. 涉及职工福利的重大事项	√	√	★	—
	6. 职工教育培训等事项	√	√	—	—

续 表

五项职权	具体内容	局级	公司级	分公司级	项目
审议通过权	7. 其他涉及职工切身利益的事项	√	√	√	√
审查监督权	1. 集体合同履行情况	√	√	—	—
	2. 提案办理情况	√	√	√	√
	3. 社会保险缴纳、职工福利费、职工教育培训费提取及使用情况	√	√	—	—
	4. 业务招待费使用情况	√	√	√	√
	5. 企务公开民主管理情况	√	√	√	√
	6. 执行劳动安全、职业健康法规情况	√	√	√	√
民主选举权	1. 民主管理专门小组（委员会）成员	√	√	√	—
	2. 法律法规规定或者企业与工会协商确定应当由职工代表大会民主选举产生的其他人员	√	√	—	—
民主评议权	1. 领导班子和领导人员	√	√	√	√
	2. 职工董事、职工监事	√	√	—	—
备 注	1. 以上审议、通过和监督等五项职权均指对应的本级事项 2. "√" 为规定事项，"★" 为选择事项				

附 2：中建八局各级职工（代表）大会运行规则

项目内容	局级职工（代表）大会	公司职工（代表）大会	分公司职工（代表）大会	项目职工大会
类型	职工代表大会	1. 职工代表大会	1. 职工代表大会 / 职工大会	职工大会
		2. 职工不足 100 人的，一般召开职工大会	2. 职工不足 100 人的，一般召开职工大会	
名称 / 届次	中国建筑第八工程局有限公司 × 届 × 次	中建八局 × 公司 × 届 × 次	× 公司 × 分公司 × 年度第 × 次	× 项目 × 年度第 × 次
代表产生	各公司职代会代表中推荐	所属分公司职工代表中推荐	自下而上 直接选举	项目全体职工
	自下而上 直接选举	自下而上 直接选举		

续 表

<table>
<tr><th>项目内容</th><th>局级职工（代表）大会</th><th>公司职工（代表）大会</th><th>分公司职工（代表）大会</th><th>项目职工大会</th></tr>
<tr><td rowspan="6">代表结构</td><td>一线职工 30%</td><td>一线职工 35%</td><td>一线职工 45%</td><td>一线职工 100%</td></tr>
<tr><td>生产技术经营管理人员 30%</td><td>生产技术经营管理人员 35%</td><td>生产技术经营管理人员 35%</td><td>—</td></tr>
<tr><td>中高层管理人员不超过 40%</td><td>中高层管理人员不超过 30%</td><td>中高层管理人员不超过 20%</td><td rowspan="4">项目联合会副主席（劳务队工会主席）可作为列席代表</td></tr>
<tr><td colspan="3">其中，女职工代表比例一般与本单位女职工人数所占比例相适应</td></tr>
<tr><td colspan="3">另外，可适当推选劳务派遣及农民工代表</td></tr>
<tr><td colspan="3">中高层管理人员是指上级和本级党政直接任免的领导干部（即本级班子成员、总部部门副职以上人员和下一级班子成员）</td></tr>
<tr><td>代表审查</td><td>代表资格审查委员会</td><td>代表资格审查委员会</td><td>代表资格审查委员会（召开职代会的）</td><td>—</td></tr>
<tr><td>代表补充</td><td colspan="4">由于离职、工作调动等原因离开本单位或其他原因被解除劳动关系的，代表资格自行终止，缺额应由原选举单位按规定的民主程序及时补选</td></tr>
<tr><td>届期</td><td>5 年</td><td>3 年至 5 年</td><td>3 年至 5 年</td><td>—</td></tr>
</table>

续　表

项目内容	局级职工（代表）大会	公司职工（代表）大会	分公司职工（代表）大会	项目职工大会
频次	1 次 / 年	1 次 / 年	1~2 次 / 年	1~2 次 / 年
民主管理专门小组（委员会）	集体协商	集体协商	—	—
	民主管理专门小组（委员会）	民主管理专门小组（委员会）	民主管理专门小组	民主管理议事会
	提案委员会	提案委员会	提案小组	—
	劳动争议调解委员会	劳动争议调解委员会	—	—
	职工代表巡视	职工代表巡视	—	—
工作机构	局工会 / 工会工作部	工会工作部 / 党群工作部	党群工作部 / 综合办公室	项目工会
会议经费	行政管理费列支	行政管理费列支	行政管理费列支	项目管理费列支
操作流程	见《党群管理手册》			
工作评价	职代会质量评估	职代会质量评估	问卷调查	问卷调查

评析：PING XI

中建八局多级职工代表大会制度注重在“实”字上下功夫，注重企业民主管理在集团系统的每一个层面都能与行政管理权限相匹配，从而使职工参与机制很好地融入企业的科学管理之中，成为企业管控体系、法人治理不可或缺的组成部分。

一是在制度架构上，注重融入体系、夯实基础。企业很好地健全完善了局、公司、分公司、项目部四级工会组织体制，为多级职工代表大会制度的落实提供了坚强的组织保障。同时，又在公司章程中，明确了职工代表大会的功能定位，并在企业管控体系中，将企业民主管理的标准、操作流程等有机地融入其中，使多级职工代表大会与集团管控体系成为“一张皮”，相互关联、密不可分。

二是在管理体制上，注重整体谋划，精准联动。局党委通过制定实施《关于规范各级职工（代表）大会制度建设的意见》等制度文件，进一步明确了局、公司、分公司、项目部四级职工代表大会的内容、运行规则、职权范围和职能定位，从而使四级职工代表大会的权责一致，但上下关联、各有侧重；分层实施，但管控有序、协同得法。

三是在工作环节上，注重良性闭环，结果导向。中建八局的多级职工代表大会制度，不但体现在会议期间民主管理的规范运行，还体现在闭会期间日常工作的规范有序，无缝衔接。通过民主管理联席会、项目民主管理议事会，以及职工代表巡访团、职工代表巡视等活动，既推动职工代表大会决定决议的落实，又重点聚焦劳动安全保护、产业工人技能提升、农民工的关心关爱等问题，并通过《关于建立企务公开工作责任制落实责任追究的实施办法》，有效保障了闭会期间的职工民主管理，从而使民主管理的“软任务”变成了工作的“硬指标”，很好地助推了企业发展和职工职业发展。

案例 3

以多级民主管理制度联动有序促进企业改革调整

某地区一家大型综合性装备制造集团公司多年来积极贯彻落实企业民主管理的工作要求，不断加强企业民主管理的制度机制建设，尤其是在近年来新一轮国资国企改革过程中，集团公司更是按照当地政府和国资委的要求，全面深化完善集团公司多级职工代表大会制度建设，充分发挥上下级职工代表大会制度的联动效应，很好地推动了集团系统和谐劳动关系建设和持续健康发展。

一、企业改革发展的背景

该集团公司拥有所属基层单位 150 余家，其中，国企 80%，合资企业 20%，职工 9 万余人。近年来，集团公司按照当地政府及国资委的要求，持续实施对企业的兼并、重组、收购等改革，不断提高产业集中度，将优质资源、核心资产进一步向集团核心产业集中，并实现整体上市。在这一过程中，集团系统所属不同板块的企业与企业之间将实行强强联手或资源整合，集团系统外的相关企业将被收购成为集团系统成员，并与相关联企业实现战略重组或合作；同时，还有一部分不符合集团公司核心发展战略的落后产能企业将实行兼并重组或淘汰。上述改革，将通过持续数年的努力和推进方能完成目标任务。此轮改革，涉及集团系统相当部分的职工，他们或由于企业兼并重组劳动关系重新变更，或由于调整企业生产经营方式而带来工作岗位的变动以及薪资福利的变化，或由于企业的淘汰而面临劳动关系了断或通过重新培训在新的企业新的岗位重新就业。

二、切实加强组织领导和制度顶层设计

集团公司党政领导班子深刻认识到新一轮改革调整过程中劳动关系和谐、职工队伍稳定的重要性。集团公司本着坚持对国有资产和职工双重负责、坚持依靠职工群众实施改革调整、坚持依法依规稳妥促进改革、坚持注重实际注重实效等原则，从加强组织领导和强化制度机制建设等方面，稳步实施改革。

一是加强组织领导，强化源头参与。集团公司成立由党委主要负责人任组长，行政副职与工会主席任副组长的集团公司改革调整稳定工作领导小组和工作专班，专门负责集团系统改革调整工作，领导小组下设工作专班，由行

政副职兼任组长，工会负责人和相关职能部门负责人任副组长，相关部门共同参与，统筹谋划改革调整规划在贯彻实施过程中职工权益维护、劳动关系和谐、职工队伍稳定等事宜。集团公司在酝酿制定改革调整总体计划过程中，注重工会组织的源头参与机制建设，在董事会审议改革重大决策、监事会履行监督职能、经理层讨论决定改革调整的相关事项时，都要求工会主要负责人全程参与，并就改革调整事宜中涉及职工切身利益的事宜听取工会的意见和建议。与此同时，集团公司党委还明确要求，集团所属各基层单位也要按照集团公司的要求，建立工会组织的源头参与机制，确保集团系统的改革调整中工会组织不缺位、职工权益得到有效落实。

二是加强顶层设计，强化预审评估。集团公司党政工针对改革调整将呈持续化常态化的特征，专题研究制定了进一步坚持和完善集团公司改革调整工作民主程序的制度文件，并在广泛征求所属基层单位及职工代表各方意见、提交职工代表团（组）讨论修改完善、由集团公司职工代表大会审议通过后，作为集团公司改革调整战略规划的配套政策，要求所属基层单位遵照实施。集团公司明确，集团系统的改革调整工作应当在集团公司党委的统筹协调下，坚持“谁改制，谁表决”的原则，严格履行集体协商和职工代表大会民主程序。同时，建立了“五案”预审制度，即集团所属基层涉及改革调整的企业，必须将企业的改革调整方案、职工劳动关系或工作岗位变更方案、履行职工代表大会民主程序方案、确保改革调整平稳有序工作方案，以及做好干部职工思想工作保障改革调整平稳推进方案，经企业党政工领导班子集体讨论确定后，应当报请集团公司改革调整稳定工作领导小组和工作专班予以预审和风险评估，此后方可履行本企业的协商民主程序。

三是加强关心服务，强化矛盾研判。一方面，集团公司承诺，绝不会产生职工因改革调整而失去工作岗位的现象。为此，集团公司充分挖掘资源，拓宽就业渠道，为可能因劳动关系了断而失去工作岗位的职工再就业提供机制保障；同时，建立再就业培训制度，为新就业职工群体提高技能奠定基础。另一方面，集团公司加大关心关爱服务力度，全面预估改革调整对职工工作生活的影响，并通过相应的经费及措施保障，为因改革调整而受到影响的职工提供一系列实事工程，尽可能减少改革调整给职工工作生活带来的影响。此外，集团公司明确要求涉及改革调整的企业，必须建立劳动关系预审研判机制，充分了解掌握改革调整对职工劳动关系和队伍稳定的影响与职工思想状况，并通过畅通职工利益诉求渠道，及时回应解决改革调整中各类职工利益诉求问题，稳妥有序推进改革的落地实施。

三、加强指导督导力度推进改革调整有效实施

集团公司党政工组织切实加强对改革调整企业的工作指导，并通过履行民主程序的“五项机制”保障，确保改革调整企业的职工队伍稳定。

一是推行重大改革事项预告制。在集团公司的要求和指导下，集团所属基层改革调整企业都坚持在年初的职工代表大会上预告年内改革调整的计划，以便干部职工有充分的思想准备。与此同时，基层企业为了更好地做好改革调整的稳定工作，纷纷加大舆论宣传力度，通过召开职工座谈会、访谈会、政策解读会等，让职工广泛深入了解企业改革调整的目的、意义和要求，提高职工群众对改革调整重要性和必要性的认识，较好地夯实了改革调整工作的群众基础。

二是坚持对涉及职工切身利益方案的预审制。集团所属基层单位，按照集团公司的要求，坚持将经行政与工会集体协商确定并经集团公司预审评估的方案草案，提前一周交到职工代表手中，让职工代表有充分的时间听取选区职工群众的意见。经企业工会组织职工代表团（组）审议，进一步完善企业改革调整方案，对存在较大分歧的条款，企业行政与工会高度重视，进一步启动集体协商程序，回应职工代表意见，对无法修改完善的内容，企业党

政工也会充分与职工代表沟通，阐明理由，取得职工代表的理解与支持。

三是严格规范职工代表大会的审议或审议表决制。集团所属基层单位，严格按照集团公司民主程序要求，规范召开职工代表大会，由企业行政负责人报告企业改革调整的计划方案，接受职工代表的审议；由企业工会就改革调整中涉及职工切身利益的事项与企业行政集体协商的情况进行报告，接受职工代表的审议。同时，集团所属基层单位坚持将涉及职工切身利益的劳动关系或职工工作岗位、福利待遇变更方案在职工代表审议的基础上，提交职工代表大会以无记名表决方式通过后实施。截至目前，该集团公司已完成改革调整任务的企业中，92% 的改革方案一次性经过职工代表大会表决通过后实施，另有 8% 的企业第一次表决没有通过，修改完善方案草案后，再次提交职工代表大会表决通过后予以实施，很好地保障了职工的合法合理权益，实现了改革调整过程的公平公正。

四是建立企业重大事项公示制。集团所属基层单位，按照集团公司的要求，在职工代表大会审议或审议通过企业改革调整方案、职工劳动关系或工作岗位、福利待遇方案后，会连同职工各类社会保障金缴纳情况等，在一周时间内，通过企业厂务公开栏、局域网、厂刊厂讯等渠道向职工公示，有些企业还通过组织班组学习、职工代表大会方案和决议解读会等方式，让职工群众充分了解掌握相关政策精神，确保改革调整后续工作有序推进。

五是加强对改革调整方案实施情况的监督制。集团公司工会按照集团公司党委的要求，通过组织集团公司民主管理专门委员会（小组），建立了企业改革调整巡视督查组，与涉及改革调整的企业工会或职工代表共同组成了监督小组，对企业改革调整方案中涉及职工切身利益的劳动关系变更或工作岗位变更、人员安置、经济补偿等事项落实情况进行监督检查。发现问题后，及时与企业党政工组织共同解决，这一方法很好地保证了基层企业改革调整工作的顺利推进。

评析： PING XI

新一轮的国资国企改革的重点之一，是形成企业集团母公司的管理构架和战略规划、管控体系。要实现这一目标，必须要对所属基层单位实施兼并重组和资源整合，其间，劳动关系的重大问题和涉及职工切身利益的重要事项必然会给集团公司的改革发展带来深远影响。本案例一个鲜明的特征就是改革调整的上下关联、有序管控。集团母公司负有制订和实施整个集团系统及所属基层单位改革发展战略的责任，所属基层单位准确有效地实施集团公司的改革调整举措，并确保其平稳有序、劳动关系和谐、职工队伍稳定是其中应有之义。本案的成功做法，集中体现了集团公司精准地把握了全国总工会制度文件要求中的加强党的领导、坚持依法有序、坚持融入公司治理、坚持协同联动推进等原则，并有效融入具体的措施办法之中。

首先，该集团公司能够切实有效地做到总体把控、规范有序。集团公司能够按照法律法规和政策文件的要求，在制度方面顶层设计所属基层单位改革调整中履行民主程序、保障职工权益的行为规范，并通过建立“五案”预审制度，确保集团公司的平稳有序实施改革、规范履行法定民主程序的目标得以实现。

其次，该集团公司能够把党政工组织的总体要求与具体工作指导督导有机结合。集团公司通过指导督导涉及改革调整的基层企业推行重大改革事项预告制、坚持对涉及职工切身利益方案的预审制、严格规范职工代表大会的审议或审议表决制、建立企业重大事项的公示制，以及加强对改革调整方案实施情况的监督制，形成了对改革调整劳动关系问题和职工切身利益事项源头把关、职工参与、协商完善、审议共决、公开公示、跟踪监督的良性闭环。正是这一工作体系的有效运作，才保证了集团系统改革调整中的职工队伍稳定、劳动关系和谐。

最后，该集团公司能够切实做到改革发展与职工民生问题的利益兼顾。企业的改革发展切忌只顾企业经济效益、任务目标的实现，而忽视企业中的“人”的生存发展。改革的目标是让“人”有更好的发展，实现企业腾飞与职工职业发展的良性互动。该企业的成功之处在于，能够在改革调整中高度重视职工利益，关心职工的就业发展，通过一系列举措，确保职工不下岗、不失去工作岗位。同时，又注重职工的思想动态，通过自上而下的研判、诉求渠道的畅通，及时回应和解决职工的所期所盼所望，从而处理好企业发展与职工利益的保障问题。

案例 4

以多级协商民主方式有序解决企业薪酬分配矛盾

某商业集团公司是一家在境外上市的国有控股公司，在某市拥有 40 余家二三级基层企业，职工数万名。其中，国有控股企业占 70%，中外合资企业占 30%。集团公司在推进建立现代企业制度、进行国际化运作过程中，始终坚持以集团公司与所属基层单位多级协商民主制度建设，凝聚思想共识、畅通诉求渠道、协调利益矛盾，尤其是通过上下多级协商民主制度的有效联动、协同配合，较好地解决了由于基层企业增加工资福利带来的持续不断的矛盾隐患，有力地促进了集团公司劳动关系的和谐。

一、问题的由来

在 21 世纪初，该集团公司所属的国有和合资企业就逐步建立健全了集体协商制度。集体协商的核心是工资协商。之前，集团公司尚未建立职工代表大会制度时，每年所属基层单位涨工资之日就是集团公司信访矛盾增加之时，其主要原因有二：一是缺少标准规则。每年年初，集团公司按照政府与上级的精神，往往会简单地制定并下发通知，要求企业开展集体协商，但每家企业究竟应该依据什么标准、加多加少，只有较为笼统的原则要求，而没有具体的内容和细则，任由企业自主决定工资的增幅。二是缺少统筹协调。由于所属基层同类型企业集中，而企业与企业之间经营管理和效率效益又各有差异，职工队伍状况和工作生活也略有不同，造成了企业与企业之间、企业职工与职工之间相互攀比的现象严重，不稳定因素增加，给集团系统稳定带来较大影响。

二、建立多级协商民主制度，努力破解分配难题

集团公司领导班子高度重视上述问题，专门成立由党委分管领导担任组长，党办、行政办、工会、人力资源、财务、审计等相关职能部门主要负责人参加的调研工作组，赴基层开展摸底调研。经过历时 3 个多月的工作，调研组基本掌握了所属基层单位在工资增幅等方面存在的问题和不足。经过认真研究，集团公司领导班子深刻感受到在集团层面建立完善协商民主制度对所属基层单位加强科学民主管理、完善合理的薪酬福利制度，统筹协调集团系统利益分配矛盾、有序促进所属企业与职工共建共享、和谐发展的重要性。为此，集团公司着手开展了下列三项

工作：

一是着手建立集团公司多级集体协商制度。集团公司制定了集团系统的集体协商办法草案，明确集团公司及所属基层单位多级集体协商的原则、范围、流程、规则、集体合同的规范要求，以及集体协商的争议处理等事项。在工资增资问题上，草案明确，所属基层单位的工资增资方案必须遵循企业效益与职工收入相挂钩、经营者收入增长与职工工资增幅相挂钩、企业和企业间的增资比例与集团公司考核统筹相挂钩的“三挂钩”原则，并针对所属基层单位经营状况与效益实际，分别制定了盈利、微利和亏损企业不同增资幅度标准和相应要求，盈利企业每年增资幅度在8%~12%，微利企业每年增资幅度在4%~7%，亏损企业则在0~3%，以此来统筹规范所属基层单位的收入分配问题。

二是着手建立集团公司职工代表大会制度。集团公司制定了《关于进一步加强多级企业民主管理的指导意见》（征求意见稿），明确包括合资企业在内的所有企业都必须建立健全职工代表大会制度，并就各层面职工代表大会的届期、召开频次及时间节点、职工代表结构比例、不同层面职工代表大会的职权内容、工作制度，以及集团公司与所属基层单位职工代表大会制度之间的关系等提出了要求。在工资增幅方面，文件征求意见稿明确，所属基层单位必须按照集团公司工资集体协议的增资幅度规定要求和职工代表大会的决议精神，细化完善本企业的工资增幅方案草案，并接受本企业职工代表大会的审议和表决。

三是在完善方案中凝聚上下共识。集团公司党委发文，要求各基层企业广泛组织干部职工学习讨论集团系统的集体协商办法、《关于进一步加强多级企业民主管理的指导意见》（征求意见稿），以及企业增资的方案草案。集团公司把这次学习作为统一思想、凝聚共识的重要契机，明确要求各基层单位既要充分认识加强集团系统协商民主制度建设、有序实施增资改革的目的、意义，又要从集团公司和基层单位实际出发，对工资增资方案草案提出修改完善意见。基层单位贯彻集团要求，在学习讨论中统一了思想认识，同时，也提出了几十条意见和建议，集团公司领导班子经过认真审议并修改完善后，又按民主管理的规范要求，在集团公司职工代表大会召开前的 7 天，专门组织各职工代表团（组）讨论审议，再一次修改完善了 3 个方案草案，并在职工代表大会正式会议上无记名投票表决通过了工资增资方案。

三、强化协调督查，确保多级协商民主成果落地见效

在工资增资方案通过的同时，职工代表大会还审议通过了集团公司职工代表巡视督查制度，明确每年 9 月为集

团公司职工代表巡视督查月，由集团公司工会和民主管理专门委员会共同组织职工代表，专门就所属各基层企业贯彻执行集团公司集体协商情况和职工代表大会决定决议情况进行全面检查，并将基层企业贯彻集团公司工资增幅方案作为重点督查事项。

集团公司还组建了由职工代表、工会和人力资源部门、信访等组成的专门小组，负责日常职工群众的接访，及时解决包括工资增幅在内的各种利益矛盾。在集团公司与基层企业上下共同努力下，集团系统连续数年没有发生一起由于增资引发的信访和不稳定事件。

此后，集团公司针对基层企业总体效益稳步增长，但职工福利制度各有差异的实际，通过集团公司职工代表大会，进一步完善了集团公司及所属基层单位职工基本福利、困难职工帮扶、重大疾病特别帮扶、商业医疗保险、劳模帮扶等多种福利制度，集团公司明确各项福利制度的基本要求和差异化标准，要求基层企业 100% 完成集团公司的基本要求，并根据企业效益情况，实施集团公司的差异化标准。集团公司在酝酿此方案之初，便充分听取各层级干部职工的意见建议，不断完善方案草案，并最终经集团公司职工代表大会审议通过后付诸实施，确保职工实事工程平稳有序得到落实。

四、推进“观察员”制度，整体推进民主管理运行质量

此后几年，集团公司还加强分类指导工作力度，持续深化国有控股企业和合资企业的民主管理制度，推进国有控股企业职工董事、职工监事切实发挥作用，并每年分别向集团系统各级职工代表大会作述职报告，接受职工代表的民主评议。同时，集团公司还推进合资企业更加紧密地将集体协商制度与职工代表大会制度相衔接，有效解决了企业发展与职工收入增长、工作环境改善等问题，促进了劳资和谐。在此基础上，集团公司针对所属基层单位民主管理存在的差异化、发展不平衡等问题，探索推进了职工代表互查互评“观察员”制度，以此来推动所属基层单位民主管理整体水平持续提高。

集团公司选择部分职工代表大会的代表作为互查互评“观察员”，一是参加基层所属企业职工代表大会的全过程。采取“听、看、问、评”等方式，对基层企业职工代表大会运行质量，包括民主氛围、职权落实、代表素质等情况进行评估，形成评估意见；对存在问题提出整改意见，反馈被检查企业。二是检查所属企业执行集团公司职工代表大会决定决议、开展集体协商、进行日常民主管理、实施厂务公开等情况。三是针对集团系统所属企业特点，对食品安全、消防安全、宾馆酒店环境等方面进行巡

视检查。四是与所属基层单位交流民主管理、构建和谐劳动关系等方面的经验做法，以及问题探讨。职工代表互查互评“观察员”制度的推行，对提高集团系统所属基层单位民主管理的运行质量起了较大的促进作用，基层企业在实施中互相借鉴经验、取长补短，从而整体提高了集团系统民主管理的运行质量。

评析： PING XI

常言道，没有规矩不成方圆。基层企业每年职工工资的增加问题，是职工切身利益的核心问题，每名职工都高度关注。同时，工资增幅问题，又涉及企业的效益状况、同集团系统内企业与企业之间是否体现公平合理等问题。故此事搞不好，将会影响干群关系和企业正常生产经营，对企业与职工发展造成负面影响。

该企业集团公司针对企业工资增幅这一核心问题，及时通过制度机制在源头“扑火苗”“堵漏洞”，充分体现了我国特色企业民主管理的制度优越性。

一是以集团公司多级协商民主制度管控企业与职工普遍关注的热点焦点问题，体现了制度的长效性。该集团公司原本没有在集团层面建立集体协商和职工代表大会等民主管理制度，仅在所属基层单位建立了相应的协商民主制度。因此，基层企业每年的工资增加与否，加多加少，集团公司仅凭每年常规性的通知简单了事，极容易造成所属基层单位各自为政，乱象频出等问题。而通过建立集团层面集体协商和职工代表大会制度，并制定相应的制度规则，通过上下多级民主管理制度建设，有效管控了所属基层单位包括工资增幅在内的利益分配事宜，充分体现了集团公司的统筹协调功能。以此种机制持续有效协调集团系统所属企业利益矛盾，其长效性作用必然会得到彰显。

二是以“三挂钩”原则有效解决工资增幅矛盾，体现了工作方法的科学性。针对所属基层单位工资增资的乱象和矛盾，该集团公司提出的企业效益与职工收入相挂钩、经营者收入增长与职工工资增幅相挂钩、企业和企业间的增资比例与集团公司考核统筹相挂钩的“三挂钩”原则，充分体现了工作方法的科学有效。首先，职工增资，需要以企业效益为前提，突出了其基础性。其次，职工的工资增幅需要干部职工齐心协力，共同努力，因此，职工工资增幅必须与企业经营管理者的收入增长相挂钩，突出了其合理性。最后，企业和企业间的增资幅度又与集团公司考核相挂钩，并同时明确盈利、微利和亏损等三类企业不同增资幅度的区间，突出了其综合平衡性。

三是在方案酝酿形成中边统一思想边修改完善，体现了协商民主制度的优越性。化解人人都关注的利益矛盾，必须通过公开民主的方法。该集团公司之所以能够有效解决工资增幅的难点焦点问题，与它进行阳光操作、公开透明不无关系。首先，集团公司敢于“亮剑”，将解决矛盾的措施通过组织集团系统所属企业和职工上下讨论、共同商议，这样做能够凝聚人心，形成共识。其次，群众是真正的英雄。像工资增幅此类涉及职工切身利益的方案，让基层干部职工共同参与讨论，有助于集中他们的智慧，使方案更科学更合理，也更能够让干部职工所接受。最后，在职工代表大会正式会议召开之前的7天，集团公司组织职工代表团（组）讨论，并再次完善方案的做法，体现了工作的规范性。集团公司的工资增资方案，最终要经职工代表审议表决方可通过，因此，在职工代表大会正式会议召开之前，组织代表团（组）讨论，既是充分尊重职工代表，集中他们的智慧完善之策，更是为方案的顺利通过并有效实施奠定坚实的工作基础。

四是职工代表互查互评“观察员”制度，方法创新、成效明显。企业民主管理只有起点，没有终点。需要各个企业根据自身实际，结合其他单位的成功经验或经验教训，不断提高和完善。该集团公司能够抓住协商民主取得良好成果的契机，适时推出的职工代表“观察员”制度，为基层企业开展民主管理拓宽了视野，“观察员”们在开展工作中，边检查边交流，互帮互促，既交流了自己单位在推行民主管理方面的经验，也了解了被检查单位民主管理的实际状况，并就进一步深化工作进行探讨交流，这种做法非常有用，值得推广。

案例 5

加强职工代表大会会议期间和闭会期间“双作用”建设

上药集团股份有限公司是沪港两地上市的、覆盖全国的大型医药产业集团，现有二级子公司约 80 家，并拥有众多的基层企业，从业人员 4 万多人。集团公司主营业务覆盖药品研发与制造、分销与零售，综合排名位居全国前列，是国内为数不多的在医药制造和分销市场均居领先地位的医药上市公司。近年来，为了顺应集团母公司治理和管控的新变化，集团工会在党委的重视支持下，同步探索推进了集团公司多级职工代表大会制度，以实现中央提出的“推进协商民主广泛、多层、制度化发展”的新要求。在推进过程中，集团公司本着“双提高”原则，即提高集团公司及所属基层单位职工代表大会的建制率和多级职工代表大会制度的运行质量，推动形成了集团公司及所属基层单位职工代表大会建制全覆盖、多层次的工作格局，多级职工代表大会运行规范，工作制度健全完善，会议期间和闭会期间民主管理制度的“双作用”得到了良好发展。

一、结合国企管控模式新要求，推进建立集团多级职工代表大会制度

集团公司根据形势的要求，赋予多级职工代表大会制度新的内涵。

一是注重三级职工代表大会体系建设，加强集团公司对基层企业职工代表大会的过程管控和规范运作。集团工会建立了基层企业职工代表大会“三报”制度，即年度预报、即期预报、会后报告，并定期公布实行情况，促进了企业职工代表大会的正常有序开展。

二是注重把握好不同层级职工代表大会的职权重点，促进集团系统内多级民主管理的有效联动和作用互补。集团层面职工代表大会的重点内容放在组织职工代表讨论审议整个集团的重大事项，着重关注涉及集团公司改革发展的全局性、根本性和涉及职工切身利益的普遍性、倾向性问题。二级公司职工代表大会侧重于涉及本单位和下属公司重大决策、生产经营和职工切身利益的具体事项。三级公司职工代表大会主要结合自身特点，予以细化，贯彻落实上级职工代表大会的精神。

三是注重分类指导分类推进，有效促进沪外企业与外资企业职工代表大会制度建设。一方面，集团公司通过提出建制标准和要求，推进沪外所属基层单位建立职工代

表大会制度，并按照集团公司和当地法规政策的要求，有效运行企业民主管理，保障沪外职工的民主权利。另一方面，集团公司工会在党委重视支持下，重点推动了沪内 70 余家、沪外 9 家外资企业建立健全职工代表大会制度，其中，对个别认识不到位、建制有困难的企业，集团公司工会在党委的重视支持下，充分运用工会“两书”制度，动之以情、晓之以理，很好地推进了“老大难”企业建制问题，从而实现了集团系统内外资企业 100% 建立职工代表大会制度的工作目标，罗氏制药、和黄药业等外资企业还将企业民主管理制度与企业经营管理、企业文化、和谐劳动关系、员工满意度测评等方面工作有机结合，很好地促进了企业和职工的共同发展。

二、加强集团公司多级职工代表大会的规范化建设，切实发挥会议期间民主管理机制作用

一是加强对企业重大决策事项的审议监督，落实职工代表知情权。集团公司坚持将企业的发展愿景、规划使命、战略目标定位、企业核心价值观等重大决策提交集团层面职工代表大会审议，并督促各子公司将发展规划和生产经营活动等重大事项，提交本级职工代表大会审议，在保障各级职工代表知情权的基础上，广泛听取他们的意见建议并加以修改完善，以保证决策的民主性和科学性。

二是加强对涉及职工切身利益事项的共商共议，落实职工代表的共决权。集团公司坚持通过多级职工代表大会完善集体协商集体合同制度，着力形成企业和职工利益的共享机制。在集团党政工的共同推进下，基层所属企业普遍形成符合企业实际、程序规范、指标量化、体现个性、具有特色的工资专项集体合同文本、女职工特殊权益专项集体合同文本等多项协议，且所有协议均经职工代表大会审议表决通过后实施。与此同时，集团公司还坚持将收入分配、生活福利、职工培训计划、劳动保护、奖惩条例等事项，以及国企改革调整中涉及职工切身利益的劳动合同变更、转岗安置、再就业培训、养老保险续接、医疗保险落实、有偿解除劳动合同补偿标准等方案，提交各级职工代表大会审议表决通过后实施，切实保障了职工的合法合理权益。

三是加强对领导干部履职的民主评议，落实职工群众的监督权。集团公司党委按照纪委、组织部门、国资党委及全国总工会、上海市总工会的要求，进一步健全了领导人员向职工代表大会述职、述学、述廉和民主评议制度，推出了将经营业绩考核、专项重点工作评估、职工代表大会民主评议三项指标相结合的“三位一体”领导干部考核评估机制，将职工代表大会民主评议领导人员作为下属企业领导班子建设和领导人员考核的重要组成部分，把民主评议的结果作为对领导人员使用和奖惩的依据之一，使民主评议成为衡量领导人员是否具有群众观念、是否得到职工群众拥护的评估器、风向标。同时，集团公司还指导推进下属企业把好民主评议、民主监督的各个环节，列出领导干部廉洁勤政、业务招待费使用等工作清单，确保热点问题全过程接受职工群众的监督。

三、推进职工代表大会各项工作制度，充分发挥闭会期间民主管理的机制作用

在集团系统各层级职工代表大会闭会期间，集团公司工会在党政的重视支持下，着力加强职工代表大会四项工作制度建设，推进企业日常民主管理切实有效发挥作用。

一是推进三级干群沟通制度。集团公司推崇尊重人、关心人、激励人、依靠人、凝聚人的理念，健全完善了集团公司、子公司、基层公司主要经营管理者与职工群众的对话沟通机制。同时，集团公司还通过“不忘初心、牢记使命”和党史学习等主题教育工作的开展，健全完善了集团公司党政主要领导定点联系基层职工制度。通过与职工的沟通交流，着力解决了企业与职工在涉及重大经营决策和管理、干群关系、薪酬福利、劳动规章、产业工人队伍建设，以及构建和谐劳动关系等方面的问题。近年来，集团公司主要领导每年与各条线的普通员工及劳模先进开展座谈对话活动，共有 500 多人次参加了沟通座谈。目前，在集团公司，三级干部沟通制度已成为企业各层面领导干部了解职工意愿、汇聚职工团队智慧、促进企业和职工共同发展的有效载体。

二是推进职工代表大会提案工作制度。集团公司围绕“创新驱动，转型发展”，广泛组织所属基层单位开展“我的岗位我创新”持续改善提案工作，基层企业将提案活动与劳动竞赛、合理化建议等有机结合，很好地激发了职工参与企业管理的积极性和创造性。集团所属的上药中西公司重视开展职工代表大会提案工作，凡涉及职工福利待遇、文化生活等方面的内容都向职工代表反馈落实。经统计，近三年来，集团公司职工获市级以上各类职工合理化建议优秀成果奖 35 个，优秀发明选拔赛金奖 8 个，对促进企业管理进步、科技进步以及经济效益的提高，起到了积极的推动作用。

三是推进建立职工代表大会巡视检查和质量评估制度。集团公司长期以来坚持在基层企业推进职工代表巡视检查制度，就职工代表大会审议通过的集体合同和专项集体合同、涉及职工切身利益的薪酬福利、劳动规章制度，以及其他决定决议事项落实情况进行专项或综合性的检查，并推进巡查工作与质量评估制度有机结合，推进巡查问题、督促整改、质量评估、持续改进实现良性循环。集团所属上药信谊公司从巡视活动企业覆盖率、员工诉求反馈率等六个方面全方位评估职工代表大会运行质量，较好地提升了企业民主管理水平。

四是推进建立职工代表教育培训管理制度。集团公司注重提升职工代表的素质和履职能力，健全完善了职工代表管理制度，要求所属基层单位全面把好职工代表的进口关，按照规范要求选举产生职工代表，并在部分单位探索试行职工代表竞选制，从源头上优化职工代表素质；切实加强对职工代表的教育培训，集团公司制定了职工代表三年培训规划，推动所属基层单位在三年内 100% 完成对职工代表有关民主管理相关知识和企业经营管理相关业务的知识培训；切实加强职工代表履职管理，推进职工代表与选区职工群众密切沟通联系并加强履职考核，从而较好地促进了职工代表参政议政，切实有效地发挥作用。

评析： PING XI

职工代表大会作为一项企业民主管理制度，不能仅仅是一年召开一次或数次会议那么简单，它需要通过相关的工作制度和工作机制的科学设计、有效实施，才能充分彰显职工代表大会的持续性、长效性。上药集团股份有限公司多级职工代表大会制度之所以运行良好、成效显著，主要在于以下三个方面：

一是能结合集团管控模式要求顶层设计集团公司多级职工代表大会制度体系。该集团公司根据企业管理制度的要求，通过建设三级职工代表大会体系和实施年度预报、即期预报、会后报告的“三报”制度，着重把握好集团公司与子公司、基层企业三级职工代表大会职权的各自重点，以及分类指导分类推进沪外企业与外资企业职工代表大会制度建设，很好地加强了集团公司对基层企业职工代表大会的过程管控和规范运作。值得一提的是，在面对个别的外资企业对中国特色的民主管理不理解、抗拒建制的“老大难”问题时，他们敢于硬碰硬，充分运用工会劳动法律监督的“两书”制度，动之以情、晓之以理，最终使问题迎刃而解。在他们的指导推进下，集团系统内，一些著名的外企将我国特色民主管理制度与企业的管理理念、管理制度、企业文化、和谐劳动关系、员工满意度等方面工作有机结合，从而使民主管理焕发了新的活力。

二是能切实发挥集团公司多级职工代表大会会议期间的民主管理制度作用。在集团公司的规范要求下，集团系统多层级的职工代表大会会议期间的工作规范有序，各项职权落实到位。他们紧扣企业民主管理的核心职权，通过加强对集团系统各层级企业重大决策事项的审议监督，充分有效地落实了职工群众的知情权、参与权，并通过这一职权的实施，很好地凝聚了职工的智慧，助推各层级企业的科学管理、民主管理。通过加强对涉及职工切身利益事项的审议表决，充分有效地保障了职工的合法合理权益。他们注重将多级职工代表大会与多级集体协商制度有效整合，进而形成了企业和职工利益的共享机制；注重将包括日常和转改制过程中在内的各类职工切身利益事项，通过职工代表大会审议表决，确保了职工队伍和企业劳动关系的和谐。此外，集团公司还重视职工代表大会对领导干部的民主评议，并将经营者的业绩考核、重点工作评估与职工代表的民主评议相互关联，还通过领导干部廉洁勤政工作清单制度，进一步深化完善职工群众监督的内涵，这一做法值得借鉴。

三是能充分发挥职工代表大会闭会期间民主管理机制作用。集团公司通过实施四项工作制度建设，着力推进多级民主管理在集团系统切实有效发挥作用。他们推进的三级干群沟通制度，很好地解决了企业与职工在涉及重大经营决策和管理、干群关系、薪酬福利、劳动规章、产业工人队伍建设，以及构建和谐劳动关系等方面的诸多问题。推进实施的职工代表大会提案工作制度，围绕“创新驱动，转型发展”，开展“我的岗位我创新”的持续改善提案工作，很好地激发了职工参与企业管理的积极性和创造性。推进实施的职工代表大会巡视检查和质量评估制度，又能很好地督促企业和相关职能部门，有效落实职工代表大会会议期间审议通过的各类涉及职工切身利益的方案和事项，并通过质量评估工作，形成了良性的工作闭环，从而使企业民主管理的运行质量得到了切实有效的提高。推进实施的职工代表教育培训和管理制度，很好地提高了职工代表参政议政的能力水平。

第三部分

相关政策文件

企业民主管理规定

（总工发〔2012〕12 号　2012 年 2 月 13 日）

第一章　总　则

第一条　为完善以职工代表大会为基本形式的企业民主管理制度，推进厂务公开，支持职工参与企业管理，维护职工合法权益，构建和谐劳动关系，促进企业持续健康发展，加强基层民主政治建设，依据宪法和相关法律制定本规定。

第二条　企业民主管理工作应当坚持党的领导，以邓小平理论和“三个代表”重要思想为指导，深入贯彻落实科学发展观，坚定不移地贯彻落实党的全心全意依靠工人阶级的根本指导方针。

企业党组织应当加强对民主管理工作的领导和支持。

第三条　职工代表大会（或职工大会，下同）是职工行使民主管理权力的机构，是企业民主管理的基本形式。

企业应当按照合法、有序、公开、公正的原则，建立以职工代表大会为基本形式的民主管理制度，实行厂务公开，推行民主管理。公司制企业（以下简称公司）应当依法建立职工董事、职工监事制度。

企业应当尊重和保障职工依法享有的知情权、参与权、表达权和监督权等民主权利，支持职工参加企业管理活动。

第四条 企业职工应当尊重和支持企业依法行使管理职权，积极参与企业管理。

第五条 企业工会应当组织职工依法开展企业民主管理，维护职工合法权益。

上级工会应当指导和帮助企业工会和职工依法开展企业民主管理活动，对企业实行民主管理的情况进行监督。

第六条 企业代表组织应当推动企业实行民主管理，促进企业健康发展。

第七条 各级党委纪检部门、组织部门，各级人民政府国有资产监督管理机构和监察机关等有关部门应当依照各自职责，对企业民主管理工作进行指导、检查和监督。

第二章 职工代表大会制度

第一节 职工代表大会组织制度和职权

第八条 企业可以根据职工人数确定召开职工代表大会或者职工大会。

企业召开职工代表大会的，职工代表人数按照不少于全体职工人数的百分之五确定，最少不少于三十人。职工代表人数超过一百人的，超出的代表人数可以由企业与工会协商确定。

第九条　职工代表大会的代表由工人、技术人员、管理人员、企业领导人员和其他方面的职工组成。其中，企业中层以上管理人员和领导人员一般不得超过职工代表总人数的百分之二十。有女职工和劳务派遣职工的企业，职工代表中应当有适当比例的女职工和劳务派遣职工代表。

第十条　职工代表大会每届任期为三年至五年。具体任期由职工代表大会根据本单位的实际情况确定。

职工代表大会因故需要提前或者延期换届的，应当由职工代表大会或者其授权的机构决定。

第十一条　职工代表大会根据需要，可以设立若干专门委员会（小组），负责办理职工代表大会交办的事项。专门委员会（小组）成员人选必须经职工代表大会审议通过。

第十二条　职工代表按照基层选举单位组成代表团（组），并推选团（组）长。可以设立职工代表大会团（组）长和专门委员会（小组）负责人联席会议，根据职工代表大会授权，在职工代表大会闭会期间负责处理临时需要解决的重要问题，并提请下一次职工代表大会确认。

联席会议由企业工会负责召集，联席会议可以根据会议内容邀请企业领导人员或其他有关人员参加。

第十三条 职工代表大会行使下列职权：

（一）听取企业主要负责人关于企业发展规划、年度生产经营管理情况，企业改革和制定重要规章制度情况，企业用工、劳动合同和集体合同签订履行情况，企业安全生产情况，企业缴纳社会保险费和住房公积金情况等报告，提出意见和建议；

审议企业制定、修改或者决定的有关劳动报酬、工作时间、休息休假、劳动安全卫生、保险福利、职工培训、劳动纪律以及劳动定额管理等直接涉及劳动者切身利益的规章制度或者重大事项方案，提出意见和建议；

（二）审议通过集体合同草案，按照国家有关规定提取的职工福利基金使用方案、住房公积金和社会保险费缴纳比例和时间的调整方案，劳动模范的推荐人选等重大事项；

（三）选举或者罢免职工董事、职工监事，选举依法进入破产程序企业的债权人会议和债权人委员会中的职工代表，根据授权推荐或者选举企业经营管理人员；

（四）审查监督企业执行劳动法律法规和劳动规章制度情况，民主评议企业领导人员，并提出奖惩建议；

（五）法律法规规定的其他职权。

第十四条 国有企业和国有控股企业职工代表大会除

按第十三条规定行使职权外，行使下列职权：

（一）听取和审议企业经营管理主要负责人关于企业投资和重大技术改造、财务预决算、企业业务招待费使用等情况的报告，专业技术职称的评聘、企业公积金的使用、企业的改制等方案，并提出意见和建议；

（二）审议通过企业合并、分立、改制、解散、破产实施方案中职工的裁减、分流和安置方案；

（三）依照法律、行政法规、行政规章规定的其他职权。

第十五条　县级以下一定区域内或者性质相近的行业内的若干尚不具备单独建立职工代表大会制度条件的中小企业，可以通过选举代表联合建立区域（行业）职工代表大会制度，开展企业民主管理活动。

工会负责组织建立区域（行业）职工代表大会制度。区域（行业）工会作为区域（行业）职工代表大会的工作机构承担日常工作。

第十六条　集团企业的总部机关和各分公司、分厂、车间以及其他分支机构可以按照一定比例选举产生职工代表，召开集团企业职工代表大会，实行企业民主管理。

集团企业的总部机关和各分公司、分厂、车间以及其他分支机构，按照本规定建立职工代表大会制度，在各自的职权范围内分别开展民主管理活动。

第二节　职工代表大会工作制度

第十七条　职工代表大会每年至少召开一次。职工代表大会全体会议必须有三分之二以上的职工代表出席。

第十八条　职工代表大会议题和议案应当由企业工会听取职工意见后与企业协商确定，并在会议召开七日前以书面形式送达职工代表。

第十九条　职工代表大会可以设主席团主持会议。主席团成员由企业工会与职工代表大会各团（组）协商提出候选人名单，经职工代表大会预备会议表决通过。其中，工人、技术人员、管理人员不少于百分之五十。

第二十条　职工代表大会选举和表决相关事项，必须按照少数服从多数的原则，经全体职工代表的过半数通过。对重要事项的表决，应当采用无记名投票的方式分项表决。

第二十一条　职工代表大会在其职权范围内依法审议通过的决议和事项具有约束力，非经职工代表大会同意不得变更或撤销。

企业应当提请职工代表大会审议、通过、决定的事项，未按照法定程序审议、通过或者决定的无效。

第二十二条　企业工会委员会是职工代表大会的工作机构，负责职工代表大会的日常工作，履行下列职责：

（一）提出职工代表大会代表选举方案，组织职工选举职工代表和代表团（组）长；

（二）征集职工代表提案，提出职工代表大会议题的建议；

（三）负责职工代表大会会议的筹备和组织工作，提出职工代表大会的议程建议；

（四）提出职工代表大会主席团组成方案和组成人员建议名单；提出专门委员会（小组）的设立方案和组成人员建议名单；

（五）向职工代表大会报告职工代表大会决议的执行情况和职工代表大会提案的办理情况、厂务公开的实行情况等；

（六）在职工代表大会闭会期间，负责组织专门委员会（小组）和职工代表就企业职工代表大会决议的执行情况和职工代表大会提案的办理情况、厂务公开的实行情况等，开展巡视、检查、质询等监督活动；

（七）受理职工代表的申诉和建议，维护职工代表的合法权益；

（八）向职工进行民主管理的宣传教育，组织职工代表开展学习和培训，提高职工代表素质；

（九）建立和管理职工代表大会工作档案。

第三节　职工代表的产生和权利义务

第二十三条　与企业签订劳动合同建立劳动关系以及

与企业存在事实劳动关系的职工，有选举和被选举为职工代表大会代表的权利。

依法终止或者解除劳动关系的职工代表，其代表资格自行终止。

第二十四条　职工代表应当以班组、工段、车间、科室等为基本选举单位由职工直接选举产生。规模较大、管理层次较多的企业的职工代表，可以由下一级职工代表大会代表选举产生。

第二十五条　选举、罢免职工代表，应当召开选举单位全体职工会议，会议应有三分之二以上职工参加。选举、罢免职工代表的决定，应经全体职工的过半数通过方为有效。

第二十六条　职工代表实行常任制，职工代表任期与职工代表大会届期一致，可以连选连任。

职工代表出现缺额时，原选举单位应按规定的条件和程序及时补选。

第二十七条　职工代表向选举单位的职工负责并报告工作，接受选举单位职工的监督。

第二十八条　职工代表享有下列权利：

（一）选举权、被选举权和表决权；

（二）参加职工代表大会及其工作机构组织的民主管理活动；

（三）对企业领导人员进行评议和质询；

（四）在职工代表大会闭会期间对企业执行职工代表大会决议情况进行监督、检查。

第二十九条　职工代表应当履行下列义务：

（一）遵守法律法规、企业规章制度，提高自身素质，积极参与企业民主管理；

（二）依法履行职工代表职责，听取职工对企业生产经营管理等方面的意见和建议，以及涉及职工切身利益问题的意见和要求，并客观真实地向企业反映；

（三）参加企业职工代表大会组织的各项活动，执行职工代表大会通过的决议，完成职工代表大会交办的工作；

（四）向选举单位的职工报告参加职工代表大会活动和履行职责情况，接受职工的评议和监督；

（五）保守企业的商业秘密和与知识产权相关的保密事项。

第三十条　职工代表履行职责受法律保护，任何组织和个人不得阻挠和打击报复。

职工代表在法定工作时间内依法参加职工代表大会及其组织的各项活动，企业应当正常支付劳动报酬，不得降低其工资和其他福利待遇。

第三章　厂务公开制度

第三十一条　企业应当建立和实行厂务公开制度，通过职工代表大会和其他形式，将企业生产经营管理的重大事项、涉及职工切身利益的规章制度和经营管理人员廉洁从业相关情况，按照一定程序向职工公开，听取职工意见，接受职工监督。

第三十二条　企业主要负责人是实行厂务公开的责任人。企业应当建立相应机构或者确定专人负责厂务公开工作。

第三十三条　企业实行厂务公开应当遵循合法、及时、真实、有利于职工权益维护和企业发展的原则。

实行厂务公开应当保守企业商业秘密以及与知识产权相关的保密事项。

第三十四条　企业应当向职工公开下列事项：

（一）经营管理的基本情况；

（二）招用职工及签订劳动合同的情况；

（三）集体合同文本和劳动规章制度的内容；

（四）奖励处罚职工、单方解除劳动合同的情况以及裁员的方案和结果，评选劳动模范和优秀职工的条件、名额和结果；

（五）劳动安全卫生标准、安全事故发生情况及处理结果；

（六）社会保险以及企业年金的缴费情况；

（七）职工教育经费提取、使用和职工培训计划及执行的情况；

（八）劳动争议及处理结果情况；

（九）法律法规规定的其他事项。

第三十五条　国有企业、集体企业及其控股企业除公开第十三条、第十四条和第三十四条规定的相关事项外，还应当公开下列事项：

（一）投资和生产经营管理重大决策方案等重大事项，企业中长期发展规划；

（二）年度生产经营目标及完成情况，企业担保，大额资金使用、大额资产处置情况，工程建设项目的招投标，大宗物资采购供应，产品销售和盈亏情况，承包租赁合同履行情况，内部经济责任制落实情况，重要规章制度制定等重大事项；

（三）职工提薪晋级、工资奖金收入分配情况；专业技术职称的评聘情况；

（四）中层领导人员、重要岗位人员的选聘和任用情况，企业领导人员薪酬、职务消费和兼职情况，以及出国出境费用支出等廉洁自律规定执行情况，职工代表大会民主评议企业领导人员的结果；

（五）依照国家有关规定应当公开的其他事项。

第四章　职工董事和职工监事制度

第三十六条　公司制企业应当依法建立职工董事和职工监事制度，支持职工代表大会选举产生的职工代表作为董事会、监事会成员参与公司决策、管理和监督，代表和维护职工合法权益，促进企业健康发展。

第三十七条　公司应当依法在公司章程中明确规定职工董事、职工监事的具体比例和人数。

第三十八条　职工董事、职工监事候选人由公司工会根据自荐、推荐情况，在充分听取职工意见的基础上提名，经职工代表大会全体代表的过半数通过方可当选，并报上一级工会组织备案。

工会主席、副主席应当作为职工董事、职工监事候选人人选。

第三十九条　公司高级管理人员和监事不得兼任职工董事；公司高级管理人员和董事不得兼任职工监事。

第四十条　职工董事、职工监事的任期与公司其他董事、监事的任期相同，可以连选连任。

第四十一条　职工董事、职工监事不履行职责或者有严重过错的，经三分之一以上的职工代表联名提议，职工代表大会全体代表的过半数通过可以罢免。

职工董事、职工监事出现空缺时，由公司工会依照本规定第三十七条的规定提出替补人选，提请职工代表大会民主选举产生。

第四十二条　职工董事依法行使下列权利：

（一）参加董事会会议，行使董事的发言权和表决权；

（二）就涉及职工切身利益的规章制度或者重大事项，提请召开董事会会议，反映职工的合理要求，维护职工合法权益；

（三）列席与其职责相关的公司行政办公会议和有关生产经营工作的重要会议；

（四）要求公司工会、公司有关部门和机构通报有关情况并提供相关资料；

（五）法律法规和公司章程规定的其他权利。

第四十三条　职工监事依法行使下列权利：

（一）参加监事会会议，行使监事的发言权和表决权；

（二）就涉及职工切身利益的规章制度或者重大事项，提议召开监事会会议；

（三）监督公司的财务情况和公司董事、高级管理人员执行公司职务的行为；监督检查公司对涉及职工切身利益的法律法规、公司规章制度贯彻执行情况；劳动合同和集体合同的履行情况；

（四）列席董事会会议，并对董事会决议事项提出质询或者建议；列席与其职责相关的公司行政办公会议和有关生产经营工作的重要会议；

（五）要求公司工会、公司有关部门和机构通报有关情况并提供相关资料；

（六）法律法规和公司章程规定的其他权利。

第四十四条 职工董事、职工监事应当履行下列义务：

（一）遵守法律法规，遵守公司章程及各项规章制度，保守公司秘密，认真履行职责；

（二）定期听取职工的意见和建议，在董事会、监事会上真实、准确、全面地反映职工的意见和建议；

（三）定期向职工代表大会述职和报告工作，执行职工代表大会的有关决议，在董事会、监事会会议上，对职工代表大会作出决议的事项，应当按照职工代表大会的相关决议发表意见，行使表决权；

（四）法律法规和公司章程规定的其他义务。

第四十五条 公司应当保障职工董事、职工监事依照法律法规和公司章程开展工作，为职工董事、职工监事履行职责提供必要的工作条件。

第四十六条 职工董事、职工监事在任职期间，除法定情形外，公司不得与其解除劳动合同。

第四十七条 职工董事、职工监事与公司的其他董事、监事享有同等的权利，承担相应的义务。

第五章　附　则

第四十八条　各地区、各有关部门和各企业根据本规定制定实施办法，推进企业民主管理工作。

第四十九条　集体企业依照《城镇集体所有制企业条例》等有关法律法规规定实行民主管理。

第五十条　本规定自发布之日起施行。

中华全国总工会关于进一步推行职工董事、职工监事制度的意见

（总工发〔2006〕32号　2006年5月31日）

为了推动建立和完善中国特色的现代化企业制度，保障职工民主决策、民主管理、民主监督的权利，建立和谐稳定的劳动关系，促进企业健康发展，根据《中华人民共和国公司法》有关规定，现就进一步推行职工董事、职工监事制度，提出以下意见：

一、充分认识推行职工董事、职工监事制度的重要性和必要性

职工董事、职工监事制度，是依照法律规定，通过职工代表大会（或职工大会及其他形式，下同）民主选举一定数量的职工代表，进入董事会、监事会，代表职工行使参与企业决策权利、发挥监督作用的制度。凡依法设立董事会、监事会的公司都应建立职工董事、职工监事制度。

推行职工董事、职工监事制度，是贯彻落实党的十六大和十六届三中、四中、五中全会精神，牢固树立和落实科学发展观，加强社会主义民主政治建设，构建社会主义和谐社会的重要举措；是建立现代企业制度，完善公司法人治理结构的重要内容；是维护职工合法权益，调动和发挥职工的积极性和创造性，建立和谐稳定的劳动关系，促进企业改革、发展、稳定的内在需要。建立职工董事、职工监事制度也是许多市场经济国家现代企业管理的成功经验。

各级工会一定要从实践“三个代表”重要思想、加强党的执政能力建设、落实全心全意依靠工人阶级指导方针的高度，充分认识这项工作的重要性、紧迫性，高度重视，把这项工作列入重要议事日程。

二、进一步规范职工董事、职工监事制度

（一）职工董事、职工监事人选的条件和人数比例

职工董事、职工监事人选的基本条件是：本公司职工；遵纪守法，办事公道，能够代表和反映职工的意见和要求，为职工群众信赖和拥护；熟悉企业经营管理或具有相关的工作经验，有一定的参与经营决策和协调沟通的能力。

未担（兼）任工会主席的公司高级管理人员，《公司法》中规定的不能担任或兼任董事、监事的人员，不得担任职工董事、职工监事。

董事会中职工董事与监事会中职工监事的人数和比例应在公司章程中作出明确规定。职工董事的人数一般应占公司董事会成员总数的四分之一；董事会成员人数较少的，其职工董事至少 1 人。职工监事的人数不得少于监事会成员总数的三分之一。

（二）职工董事、职工监事的产生程序

职工董事、职工监事的候选人由公司工会提名，公司党组织审核，并报告上级工会；没有党组织的公司可由上一级工会组织审核。工会主席一般应作为职工董事的候选人，工会副主席一般应作为职工监事的候选人。

职工董事、职工监事由本公司职工代表大会以无记名投票方式选举产生。职工董事、职工监事候选人必须获得

全体会议代表过半数选票方可当选。

公司应建立健全职工代表大会制度，尚未建立的，应组织职工或职工代表选举产生职工董事、职工监事，并积极筹建职工代表大会制度。

职工董事、职工监事选举产生后，应报上级工会、有关部门和机构备案，并与其他内部董事、监事一同履行有关手续。

（三）职工董事、职工监事的职责

职工董事、职工监事享有与其他董事、监事同等的权利，承担相应的义务，并履行下列职责：

职工董事、职工监事应经常或定期深入到职工群众中听取意见和建议。

职工董事、职工监事在董事会、监事会研究决定公司重大问题时，应认真履行职责，代表职工行使权利，充分发表意见。

职工董事在董事会讨论涉及职工切身利益的重要决策时，应如实反映职工要求，表达和维护职工的合法权益；在董事会研究确定公司高级管理人员时，要如实反映职工代表大会民主评议公司管理人员的情况。

职工监事要定期监督检查职工各项保险基金的提取、缴纳，以及职工工资、劳动保护、社会保险、福利等制度的执行情况。

职工董事、职工监事有权向上级工会、有关部门和机构反映有关情况。

（四）职工董事、职工监事的任期、补选、罢免

职工董事、职工监事的任期与其他董事和监事的任期相同，任期届满，可连选连任。

职工董事、职工监事在任期内，其劳动合同期限自动延长至任期届满；任职期间以及任期届满后，公司不得因其履行职责的原因与其解除劳动合同，或采取其他形式进行打击报复。

职工董事、职工监事离职的，其任职资格自行终止。职工董事、职工监事出缺应及时进行补选，空缺时间一般不得超过 3 个月。

职工代表大会有权罢免职工董事、职工监事。罢免职工董事、职工监事，须由三分之一以上的职工代表联名提出罢免议案。

三、正确处理职工董事、职工监事与公司工会、职代会的关系

公司工会要为职工董事、职工监事开展工作提供服务。应协调和督促公司及时向职工董事、职工监事提供有关生产经营等方面的文件和资料，协助职工董事、职工监事进行调研、巡视等活动；协助职工董事、职工监事就有

关议题听取职工意见，进行分析论证，提出意见和建议；成立“智囊团”等形式的组织，为职工董事、职工监事提供咨询服务；协调有关方面建立职工董事、职工监事各项工作制度。

职工董事、职工监事要向公司职工代表大会负责。应积极参加职工代表大会的有关活动，认真执行职工代表大会的有关决议，在董事会、监事会会议上按照职工代表大会的相关决定发表意见。应定期向职工代表大会报告工作，接受职工代表大会的质询。职工代表大会每年对职工董事、职工监事履行职责情况进行民主评议，对民主评议不称职的予以罢免。

四、加强对职工董事、职工监事制度建设工作的领导

各级地方工会和产业工会要进一步加强对职工董事、职工监事工作的领导，明确责任，指定专门的部门和人员负责此项工作。要切实把工作重点放在基层，深入研究解决问题。要善于发现和总结经验，宣传典型，用典型推动工作。

要经常对职工董事、职工监事制度的推行情况进行调查分析。根据《公司法》的有关规定，结合各地实际，加强与各地政府及有关部门的合作和联系，参与制定和完善有关推行职工董事、职工监事制度的地方性政策法规。

要加强职工董事、职工监事的培训工作。各级工会要研究制订培训方案，有组织、有计划地进行培训，保证培训质量，提高职工董事、职工监事的整体素质，切实发挥其作用。

中华全国总工会办公厅
关于规范召开企业职工代表大会的意见

（总工办发〔2011〕53号　2011年12月7日）

为规范召开企业职工代表大会（以下简称职代会），充分有效地发挥企业职代会作用，根据相关法律法规，结合企业职代会运行的实际情况，提出以下意见。

一、企业职代会每年至少召开一次。

二、企业职代会实行届满制，每三至五年为一届，到期应当及时换届。

三、企业工会是企业职代会的工作机构。未建工会的企业召开职代会，应当向上级工会组织报告，在其指导下开展相关工作。

四、企业首次召开职代会前应当成立筹备机构，由企业党组织、行政、工会等方面人员组成。筹备机构主要任务是：起草本单位职代会实施办法（细则）；组织选举职工代表；起草职代会筹备工作情况报告；研究确定本次职代会主要议题和议程；听取职工的意见和建议，等等。

五、企业应当根据法律法规的规定，结合实际，制定职代会实施办法（细则）。职代会实施办法（细则）应当提交职代会审议通过。

六、企业应当根据职工人数和生产（行政）单位设置状况确定职工代表总数、划分选区、分配名额，进行职工代表的选举。职工代表人数应当按照企业全体职工人数的一定比例确定，具体比例和人数应当按照本企业职代会实施办法（细则）确定，或由企业与工会协商确定，但最少不得低于三十人。企业职工人数在五十人以下的，应当召开职工大会。

七、职工代表中应当有工人、技术人员、管理人员、企业领导人员和其他方面的职工。其中企业领导人员一般不超过职工代表总数的五分之一。

八、各选区按照分配名额，由工会负责组织职工直接选举职工代表。

九、企业领导（高级管理）人员应当在相应的选区，参加职工代表的选举。

十、选举（撤换）职工代表，必须有选区全体职工三分之二以上参加，得到选区全体职工总数二分之一以上同意票者方可当选（撤换）。

管理层级较多的企业，参加上一级职代会的职工代表，可以在下一级职代会职工代表中选举产生，也可以由全体职工直接选举产生。

十一、职工代表人数较多的可以按选区组成代表团（组），推选团（组）长。

十二、职工代表实行常任制，任期与职代会届期相同，可以连选连任。

十三、职工代表在任期内因跨选区工作岗位变动或企业与其终止、解除劳动关系，其代表资格自行终止，缺额应当由原选举单位按照规定补选。

十四、职代会可以设列席代表和特邀代表；可以组织职工旁听。

十五、工会应当按照企业职代会实施办法（细则）制定职工代表选举方案；负责对职工代表条件、产生程序、人员构成比例等进行审核，并将职工代表名单进行公示，接受职工监督。

十六、确定召开职代会后，工会或职代会提案委员会应当通过职工代表向职工征集提案；经审查立案后提交职代会讨论。

十七、召开职代会前应当以书面形式，通知职工代表参加会议的时间、地点及主要内容。

十八、需要通过职代会讨论表决事项的相关材料，一般应当在会前不少于 7 个工作日，以书面形式送达职工代表，由职工代表团（组）长组织职工代表充分讨论和征求选区职工的意见。

十九、基层工会组织在召开职代会之前，应当向上一级工会报告会议筹备情况，上一级工会应当予以指导。

二十、正式召开职代会前可以召开预备会议。预备会议由本企业工会主持，全体职工代表参加。

二十一、职代会预备会议的主要程序是：

（一）选举大会主席团；

（二）听取关于本届（次）职代会筹备情况的报告；

（三）审议通过关于职工代表资格审查情况的报告；

（四）通过大会议程；

（五）决定大会其它有关事项。

二十二、召开职代会正式会议必须有全体职工代表的三分之二以上到会。

会议主持人必须向大会报告职工代表出席情况、职代会提案征集处理情况和上次职代会提案的落实情况。

二十三、职代会应当以职工代表团（组）为单位讨论相关事宜。大会主席团成员分别参加本代表团（组）的讨论。

二十四、职代会选举及表决通过决议、重要事项，应当以无记名投票方式进行，得到全体职工代表二分之一以上同意票方为当选（有效）。

二十五、职代会主席团负责处理会议期间的相关事项。

二十六、职代会闭会期间遇有重大问题，可由企业行政、工会或三分之一以上的职工代表联名，提议召开职代会，并按照规范程序进行。

二十七、职代会通过的决议、重要事项和选举结果等应当形成书面文件并及时公示。

职代会应当建立专门档案。

二十八、事业单位、民办非企业单位等其它单位可参照本意见执行。

中华全国总工会关于加强公司制企业职工董事制度、职工监事制度建设的意见

（总工发〔2016〕33号　2016年12月5日）

为深入贯彻落实党的十八大、十八届三中、四中、五中、六中全会精神，贯彻落实全国国有企业党的建设工作会议精神特别是习近平总书记提出的要坚持和完善职工董

事制度、职工监事制度，鼓励职工代表有序参与公司治理的重要论述，按照《中共中央、国务院关于构建和谐劳动关系的意见》中关于“推行职工董事、职工监事制度”“依法规范职工董事、职工监事履职规则”的要求，以《公司法》等法律法规为依据，现就加强公司制企业职工董事制度、职工监事制度建设提出以下意见。

一、充分认识加强职工董事制度、职工监事制度建设的重要意义

职工董事制度、职工监事制度，是指依照《公司法》《公司登记管理条例》设立的有限责任公司和股份有限公司（以下简称公司）通过职工代表大会（或职工大会，简称职代会）民主选举一定数量的职工代表，分别进入董事会、监事会，代表职工源头参与公司决策和监督的基层民主管理形式。伴随我国社会主义市场经济的深入发展，公司制作为现代企业的有效组织形式，日益成为各种所有制企业改革发展的普遍选择。职工董事制度、职工监事制度在完善公司法人治理结构，构建和谐稳定劳动关系，促进企业和职工共同发展等方面发挥了积极作用。但是，目前还有相当数量的公司未依法建立职工董事制度、职工监事制度，在已建立这项制度的公司中还有相当一部分因操作不规范而影响了职工董事制度、职工监事制度发挥应有的

积极作用。推动依法建立和规范职工董事制度、职工监事制度，是工会民主管理工作一项重要的任务。

加强职工董事制度、职工监事制度建设，是贯彻落实党的全心全意依靠工人阶级根本方针，推进社会主义基层民主制度建设，支持职工参与管理和监督的重要措施；是建立现代企业制度，将民主管理融入公司治理结构，推进公司民主决策、科学决策的重要内容；是源头维护职工合法权益，实现劳动关系双方合作共赢，构建社会主义和谐劳动关系的重要抓手；是加强企业党风廉政建设，促进公司负责人廉洁从业，推动公司健康发展的重要途径。各级工会要充分认识加强职工董事制度、职工监事制度建设的重要性和紧迫性，坚持促进企业发展、维护职工权益，努力推动职工董事制度、职工监事制度建设，保障职工的民主权利。

二、依法推进公司建立职工董事制度、职工监事制度

（一）着力推进公司依法建立职工董事制度、职工监事制度。

各级工会应当依据《公司法》等法规政策的规定，推动和督促国有及国有控股公司率先依法建立职工董事制度，引导和支持混合所有制公司、非公有制公司的董事会设立职工董事，同时要督促设立了监事会的各类公司都依

法建立职工监事制度。

（二）切实保证职工董事、职工监事候选人条件和人数比例。

1. 职工董事、职工监事候选人应符合以下基本条件：与公司存在劳动关系；能够代表和反映职工合理诉求，维护职工和公司合法权益，为职工群众信赖和拥护；熟悉公司经营管理或具有相关的工作经验，熟知劳动法律法规，有较强的协调沟通能力；遵纪守法，品行端正，秉公办事，廉洁自律；符合法律法规和公司章程规定的其他条件。遵循职工董事、职工监事任职回避原则，坚持公司高级管理人员和监事不得兼任职工董事，公司高级管理人员和董事不得兼任职工监事。公司高管的近亲属，不宜担（兼）任职工董事、职工监事。

2. 职工董事、职工监事的人数和具体比例应依法在公司章程中作出明确规定。国有及国有控股公司，其董事会成员中应当有公司职工代表；引导和支持国有及国有控股公司以外的其他公司董事会成员中配备适当比例的职工董事，力促董事会成员中至少有一名职工董事。所有公司监事会中职工监事的比例不低于三分之一。督促公司在设立（或改制）的初始阶段，依照相关法律规定在董事会、监事会中预留职工董事、职工监事的席位，并在公司章程中予以明确规定。

3. 职工持股会选派到董事会、监事会的董事、监事，一般不占职工董事、职工监事的名额。

（三）依法规范职工董事、职工监事产生的程序。

1. 职工董事、职工监事的候选人，可以由公司工会根据自荐、推荐情况，在充分听取职工意见的基础上提名，也可以由三分之一以上的职工代表或者十分之一以上的职工联名推举，还可以由职代会联席会议提名。公司工会主席、副主席一般应作为职工董事、职工监事候选人人选。

2. 职工董事、职工监事应由公司职代会以无记名投票方式差额选举，并经职代会全体代表的过半数同意方可当选。尚未建立职代会的，应在企业党组织的领导和上级工会的指导下，先行建立职代会。

3. 职工董事、职工监事由职代会选举产生后，应进行任前公示，与其他董事、监事一样履行相关手续，并报上级工会和有关部门（机构）备案。公司工会应做好向上级工会报备的相关工作。

三、依法规范职工董事、职工监事履行职责规则

（一）依法明确职工董事、职工监事的职权、义务和责任。

职工董事、职工监事依法享有与公司其他董事、监事同等权利，在董事会、监事会研究决定公司重大问题时，

职工董事、职工监事应充分发表意见，履行代表职工利益、反映职工合理诉求、维护职工和公司合法权益的职责与义务，并承担相应责任。

1. 职工董事依法行使下列职权：参加董事会会议，行使董事的发言权和表决权；在董事会研究决定公司重大问题时充分发表意见，确定公司高级管理人员的聘任、解聘时，如实反映职代会民主评议高级管理人员情况；对涉及职工合法权益或大多数职工切身利益的董事会议案、方案提出意见和建议；就涉及职工切身利益的规章制度或者重大事项，提出董事会议题，依法提请召开董事会会议，反映职工合理要求，维护职工合法权益；列席与其职责相关的公司行政办公会议和有关生产经营工作的重要会议；要求公司工会、公司有关部门通报相关情况，提供相关资料；向公司工会、上级工会或有关部门如实反映情况；法律法规、规章制度和公司章程规定的其他权利。

2. 职工监事依法行使下列职权：参加监事会会议，行使监事的发言权和表决权；参与监督检查公司对涉及职工切身利益的法律法规、规章制度和公司章程的贯彻执行情况；监督检查公司职工工资、劳动保护、社会保险、福利及劳动合同、集体合同等制度规定的落实情况；听取和监督公司的经营管理情况；参与对公司的财务检查和对公司董事会、经理层人员履行职责的监督；就涉及职工切身利益的规章制度或者重大事项，提出监事会议题，提议召开监事会会议；列席董事会会议，可对董事会决议事项提出质询或者建议；列席与其职责相关的公司行政办公会议和有关生产经营工作的重要会议；要求公司工会、公司有关部门通报相关情况，提供相关资料；向公司工会、上级工会或有关部门如实反映情况；法律法规、规章制度和公司章程规定的其他权利。

尚未设立职工董事的公司，遇有董事会制订公司合并、分立、解散和变更公司重大方案，或者制订公司利润分配方案等涉及职工切身利益的重要事项时，职工监事应当按照对职工董事的要求主动担负起相应职责。

3. 职工董事、职工监事应当履行以下义务：认真学习党的理论和路线方针政策，学习国家法律法规，积极参加相关培训，提高自身思想政治素质和相关业务素质；遵守法律法规和公司章程及各项规章制度，执行股东会、董事会、监事会的决议，保守公司秘密，认真履行职责；及时了解企业管理和发展状况，经常深入职工群众广泛听取意见和建议，在董事会、监事会上真实准确、全面充分地反映职工的合理诉求；执行职代会的决议，在董事会、监事会会议上，按照职代会的相关决议或在充分考虑职代会决议和意见的基础上发表意见，行使表决权；建立履职档案，对履行职责情况进行书面记录并妥善保存；每年至少一次向公司职代会报告工作，接受监督、质询、民主评议；法律法规和公司章程规定的其他义务。

职工董事、职工监事向公司职代会作述职报告的主要内容包括：（1）全年出席董事会、监事会会议情况，包括未出席会议的原因、次数；（2）在董事会、监事会会议上发表意见和参与表决的情况，包括投出弃权或者反对票的情况及原因；（3）对公司劳动关系重大问题和职工切身利益重要事项进行调查，反映职代会意见和职工利益诉求，与董事会、监事会其他成员及公司管理层进行交流磋商等情况；（4）参加教育培训情况；（5）根据相关法律法规、规范性文件和公司章程，履行职工董事、职工监事权利义务其他需要报告的情况。

4. 职工董事、职工监事应担负的责任。董事会、监事会的决议、决定违反法律法规或者公司章程、股东大会决议，致使公司遭受严重损失的，参与决议或决定的职工董事、职工监事应当按照有关法律法规和公司章程的规定，承担相应责任。但经证明在表决时曾表明异议或者代表职代会意见并载于会议记录的，可以免除责任。

职工董事、职工监事在收到董事会、监事会议题议案，审议发现有损害职工利益的内容，或者与已有的职代会意见相悖，必要时应向董事长、监事会主席提出暂缓审议该项议题或议案的建议，并及时向职代会报告。因故不能参加董事会、监事会会议时，应以书面形式委托其他董事、监事代为反映意见，并在委托书中明确授权范围。

（二）严格规范职工董事、职工监事的任期、罢免和补选。

1. 职工董事、职工监事的任期与其他董事、监事的任期相同，每届任期不超过三年，任期届满后可以连选连任。职工董事、职工监事因辞职、患病、工作调动等原因离职的，或因劳动关系变更、终止、解除等原因不能履行职责时，经职代会通过终止其任职资格。

2. 职工董事、职工监事有下列行为之一的，由公司职代会依法罢免：公司职代会对其述职进行无记名民主评议，结果为不称职的；不能如实反映公司职代会的决议、决定，在参与公司决策、履行监督职责时不代表职工利益行使权利，损害职工合法权益的；拒绝向公司职代会报告工作的；有其他不依法履行职工董事、职工监事职责行为的。

罢免职工董事、职工监事，须由三分之一以上职工代表或者十分之一以上职工联名提出罢免议案，并经职代会讨论通过。职代会讨论罢免职工董事、职工监事有关事项时，职工董事、职工监事有权在会上提出申辩理由或书面申辩意见。罢免议案须采用无记名投票方式，经职代会全体代表的过半数同意方获通过。罢免案通过后，公司工会应当将罢免结果报上级工会和有关部门备案。

3. 职工董事、职工监事出现空缺的，应当由公司工会尽快组织补选，补选程序与产生程序相同。在新补选职工董事、职工监事就任前，原职工董事、职工监事仍应当依照法律法规和公司章程的规定，履行其职责。

（三）完善职工董事、职工监事履行职责的必要保障。

履职权益保障。公司应当为职工董事、职工监事依法履行职责提供必要的工作条件，保证其履职所必须的工作时间，其在履行职责期间除享受正常的工资和福利待遇外，履职所发生的费用比照其他董事、监事办理。职工董事、职工监事为履行职责，必要时可聘请律师或会计师等协助其工作，费用应依法参照有关规定由公司或公司工会承担。职工董事、职工监事在任职期间，除法定情形外，公司不得与其解除劳动合同。职工董事、职工监事在任期内和任期届满后，公司不得因其履行职责的原因，对其降职、减薪或采取其他形式进行打击报复。

工作制度保障。公司工会要推动公司依法完善职工董事制度、职工监事制度相关配套制度，为充分发挥职工董事、职工监事的作用提供制度保障。建立培训制度，公司要在职工董事、职工监事任职前和任职期间组织其参加岗位适应性学习培训，不断提高其业务素质和履职能力。建立调研制度，职工董事、职工监事应通过工会和职代会建立起与广大职工群众联系的渠道，通过召开职工群众座谈会、职工代表团（组）长和职代会专门小组（委员会）负责人联席会议、职工代表巡视检查等形式，直接征求和听取职工群众的意见。

信息服务保障。公司应协助职工董事、职工监事全面了解公司情况，及时向职工董事、职工监事提供公司生产经营管理等方面的资料和信息。职代会下设工作机构要及时向职工董事、职工监事提供职代会的议题、议案和决议等材料，协助其开展专题调研和巡视检查，及时反映职工的有关意见和建议。公司工会要通过各种有效途径，为职工董事、职工监事提供专业意见和相关咨询。

四、正确处理职工董事、职工监事与公司相关组织机构的关系

职工董事、职工监事接受公司党组织的思想政治领导。适应建立现代企业制度和公司实行民主管理的要求，公司党组织担负着加强公司民主管理制度建设、引领公司依靠职工办企业的政治责任，支持职工董事、职工监事依法履行职责。

职工董事、职工监事通过董事会、监事会集体向股东会负责。职工董事、职工监事在董事会、监事会中代表职工行使参与决策和监督的民主权利，在研究决定涉及职工切身利益重要事项时，重点代表和维护职工利益，并应充分考虑和尊重出资人及公司的整体利益。股东会应尊重职工董事、职工监事的法定权利。

职工董事、职工监事参与并服从董事会、监事会的决策。职工董事、职工监事通过充分发挥职代会与董事会、监事会之间联系、沟通的桥梁作用，向董事会、监事会负责。职工董事应接受监事会的监督。董事会、监事会尊重并支持职工董事、职工监事依法履行职责。

职工董事、职工监事与公司行政部门应互相尊重、互相支持。职工董事、职工监事通过参与董事会、监事会的工作，对公司经营管理工作施加影响，应支持配合公司行政部门履行经营管理职责；就涉及职工切身利益的事项和问题向有关职能部门征询意见，也可在职权范围内约见公司高级管理人员，反映职工对经理层的意见，并对经理层实施监督。公司行政部门在研究涉及职工切身利益的重大问题时，应当听取职工董事、职工监事的意见。

职工董事、职工监事应直接向公司职代会负责。职工董事、职工监事由职代会选举产生，参加职代会的有关活动，认真执行职代会的决议，自觉接受职代会的监督。职代会下设的机构，应协助职工董事、职工监事依法履行职责。职工董事、职工监事与职代会的关系，应当在公司职代会实施细则中作出明确规定。

公司工会应为职工董事、职工监事履职提供高效服务。要帮助职工董事、职工监事解决工作和生活中的实际问题，及时督促协调公司行政为职工董事、职工监事提供有关信息资料。在涉及职工切身利益重要制度的制定、重大事项决议的执行过程中，为职工董事、职工监事形成书面意见，收集、整理和提供职工利益诉求及对公司生产经营管理等方面的意见建议。

五、切实加强职工董事制度、职工监事制度建设的组织领导

各级工会要按照党中央关于推进基层民主建设的决策部署，积极推进职工董事制度、职工监事制度建设，依法保障公司职工的知情权、参与权、表达权和监督权，促进劳动关系与社会和谐稳定。

（一）**自觉坚持党的领导，争取政府重视支持。**

各级地方工会要及时向党委汇报、向政府反映公司依法建立职工董事制度、职工监事制度情况及工作中的困难和问题。借助政府和工会联席会议、厂务公开协调领导机构、劳动关系三方协商机制等工作平台，会同有关部门合力推进加强职工董事制度、职工监事制度建设，督促违法违规公司整改，推动形成党委加强领导、政府重视支持、工会积极作为、有关各方齐抓共推职工董事制度、职工监

事制度建设的良好工作格局。

（二）明确目标责任，加强工作检查督导。

各级工会要围绕全面深化改革对现代企业民主管理工作的新要求，在深入调研的基础上制定工作规划，明确目标任务；细化实施方案，落实职责分工；突出工作重点，强化监督检查；创新工作方法，务求工作实效。探索建立激励约束机制，实行上下联动，将依法建立职工董事制度、职工监事制度，作为评先选优的必要条件，加强指导督促，扎实推进职工董事制度、职工监事制度健康发展。

（三）强化舆论宣传，不断优化工作环境。

各级工会要重视加强对中国特色现代企业制度，包括职工董事制度、职工监事制度的研究，扩大研究成果的宣传，形成助力职工董事制度、职工监事制度建设的良好社会舆论氛围。争取通过人大执法检查、政府劳动监察和政协调研视察，推动公司依法建立和规范职工董事制度、职工监事制度。积极参与制定和修改推行职工董事制度、职工监事制度的地方法规政策，为加强职工董事制度、职工监事制度建设提供有力的法治保障。

（四）坚持问题导向，精准发力破解难题。

各级工会要根据国有独资、国有控股、混合所有制、私营、外资等不同类型公司制企业的实际，提出有针对性的指导意见，推动职工董事制度、职工监事制度有机融入现代企业制度体系。在深化国企改革、发展混合所有制经济过程中强化职工源头参与，代表好、维护好职工合法权益，促进劳动关系和谐。聚焦职工最关心最直接最现实的利益问题，着力推进公司依法保障职工劳动经济权利，通畅职工利益诉求表达渠道，组织职工有序参与企业管理。

（五）夯实工作基础，多措并举补齐短板。

各级工会要注重及时总结建制经验，发挥先进典型的示范引领作用。扎实开展培训工作。积极探索建立职工董事、职工监事建制信息库和工作评估制度，运用大数据和“互联网＋”等现代化手段，加强对职工董事、职工监事的管理。把推进职工董事制度、职工监事制度建设与工会自身建设和职代会等民主管理制度建设结合起来，形成优势互补、作用叠加效应，更加有效地保护调动激发劳动关系双方的积极性、创造性，实现职工与公司共促发展、共享成果。

中华全国总工会关于推行企业集团职工代表大会制度的意见

（总工办发〔2020〕27号　2020年12月28日）

为深入学习贯彻习近平新时代中国特色社会主义思想，全面贯彻落实党的十九大和十九届二中、三中、四中、五中全会精神，进一步健全以职工代表大会（以下简称职代会）为基本形式的企业民主管理制度，充分发挥企业集团职工代表大会（以下简称集团职代会）在公司法人治理结构中的作用，依据《中华人民共和国公司法》《企业民主管理规定》等，现就推行集团职代会制度提出如下意见。

本意见所指集团职代会是指企业集团总部和所属基层单位按照一定比例选举产生职工代表，对涉及企业集团改革发展和职工权益有关事项履行民主程序、行使相应职权的职代会。

一、推行集团职代会制度的重要意义

（一）推行集团职代会制度是新形势下健全充满活力

的基层群众自治制度的必然要求。党的十九届四中全会通过的《中共中央关于坚持和完善中国特色社会主义制度、推进国家治理体系和治理能力现代化若干重大问题的决定》明确要求，健全充满活力的基层群众自治制度，全心全意依靠工人阶级，健全以职工代表大会为基本形式的企业民主管理制度。当前，我国企业规模日益壮大，企业产权结构、管控模式、管理层级发生了深刻变化，出现了许多大型企业集团，这对推进企业民主管理提出了新要求。推行集团职代会制度，有利于完善企业集团职工参与管理的有效方式，保证职工在整个企业集团层面参与管理，把制度优势转化为企业集团职工参与经济社会事务管理的实际效能，使人民当家作主权利落到实处。

（二）推行集团职代会制度是加快完善中国特色现代企业制度的内在需要。职代会制度是中国特色现代企业制度的题中应有之义，是公司法人治理结构的主体之一。随着国企改革三年行动方案加快实施，混合所有制改革积极稳妥推进，将进一步推动形成更加成熟更加定型的中国特色现代企业制度。与以往国有企业“脱困式的改革”明显不同，本轮国有企业改革更加侧重战略重组和产业结构重新布局，改革路径自上而下，涉及企业集团和基层单位多个层面，对不同层面的企业民主管理制度有序运行带来了新挑战。推行集团职代会制度，有利于更好地将民主管理制度与企业管理制度相衔接，与企业管控模式相匹配，与公司法人治理结构相融合，促进企业集团决策更加科学民主，推动企业管理与改革创新良性互动，实现企业高质量发展。

（三）推行集团职代会制度是企业集团构建和谐劳动关系的有效途径。我国正在加快构建以国内大循环为主体、国内国际双循环相互促进的新发展格局，企业劳动关系和谐稳定是构建新发展格局的重要基础。受新冠肺炎疫情的冲击，众多企业生产经营困难增多、职工权益保障面临诸多新情况新问题。企业集团用工方式多元，职工人数众多，劳动关系更为复杂，受到的影响更大。推行集团职代会制度能够有效规范企业集团及所属基层单位劳动关系，为企业集团制定涉及全体职工切身利益的重大事项和重要制度提供程序保障，为所属基层单位民主管理制度的运行提供指导遵循，及时回应和解决职工利益诉求，化解劳动关系双方的矛盾，促进经济社会平稳发展。

二、推行集团职代会制度的基本原则

——坚持加强党的领导。要坚持以习近平新时代中国特色社会主义思想为指导，认真贯彻落实党的基本理论、基本路线、基本方略，坚持党委统一领导，坚持重大问题事前请示，坚持全心全意依靠职工办企业，在党组织的统筹协调下推进企业集团和所属基层单位职代会制度建设，确保集团职代会制度建设沿着正确的方向发展。

——**坚持依法有序推进**。要依照相关法律法规，推动对所属基层单位在重大决策、经营管理、干部任免、薪酬福利、人力资源等方面拥有管控权限的企业集团建立职代会制度，保证职工通过企业集团和所属基层单位等多层级职代会行使民主管理权力。不能以企业集团总部职代会替代集团职代会。在此基础上积极推进制度化规范化建设，使集团职代会制度更加健全、运行程序更加规范、作用发挥更加有效。

——**坚持融入公司治理**。要推动企业集团在制定公司章程时，落实职代会在公司治理结构中的地位，明确其主体权责，并与其他公司治理主体有效衔接。要以集团职代会为牵引，建立与企业管控模式相适应、上下配套、层次清晰、各司其职、独立运行的企业集团内部多层级职代会制度体系，把民主管理制度融入到企业生产经营管理活动之中，推动加快完善中国特色现代企业制度。

——**坚持协同联动推进**。集团职代会的内容要更加侧重涉及企业集团改革发展的全局性、根本性、指导性的重大事项，以及涉及职工切身利益带有普遍性、倾向性的重大问题。所属基层单位要在遵循集团职代会基本原则基础上，从本单位实际出发，细化和完善本单位职代会制度。

要准确把握和处理上下级职代会之间的关系，充分发挥企业集团内各层级职代会的职能作用。

三、推行集团职代会制度的工作要求

（一）集团职代会职工代表构成比例和产生方式。集团职代会职工代表的名额数量应以企业集团职工人数为基数，依据《企业民主管理规定》第八条有关规定确定。其中，集团中层以上管理人员和领导人员，原则上不超过职工代表总数的20%，所属单位多、分布广的集团中层以上管理人员和领导人员一般不超过代表总数的35%。职工代表中应有适当比例的劳模先进、高技能领军人才、女职工、青年职工、农民工的代表。

参加集团职代会的职工代表可以在企业集团总部和各所属基层单位职代会的职工代表中选举产生，也可以在企业集团全体职工中直接选举产生。

（二）集团职代会的届期和会议召开。集团职代会每届届期为三年至五年，具体届期由职代会根据实际情况确定，每年应至少召开一次。在条件允许的情况下，要合理规划职代会会期、内容，与董事会、年度工作会议等有机衔接。职工人数众多、地域分布广的企业，在集团职代会召开形式上可探索线上和线下相结合的方式，但在涉及重要事项表决时，应集中现场开会，以保障职工真实意愿的表达。

（三）集团职代会闭会期间的工作制度。企业集团工会是集团职代会的工作机构，负责集团职代会的日常工作。闭会期间，遇有确需经集团职代会审议或审议通过的重大事项，按规定召开临时集团职代会；有需要临时解决涉及职工切身利益的重要问题可由企业集团工会组织召集职工代表团（组）长和专门委员会（小组）负责人联席会议协商处理。联席会议必须有各代表团（组）长参加；协商讨论解决属于集团职代会职权范围内的事项必须由集团职代会授权，并提请下一次集团职代会确认；企业集团改革改制方案必须经集团职代会审议，国有及其控股企业集团职工安置方案必须经集团职代会审议通过，不可由联席会议替代集团职代会行使职权。

四、认真履行集团职代会的职权

要根据国家相关法律法规，从企业集团决策管理权限出发，围绕企业集团发展规划、经营决策、重要规章制度、涉及职工切身利益的重大问题，确定集团职代会的各项职权内容。

（一）审议建议权。集团职代会应听取企业集团工作报告，审议企业集团经营方针、中长期发展规划、年度计划、财务预决算、安全生产等重要事项的报告；审议企业集团改制方案和重大改革措施；审议企业集团员工持股方案；审议企业集团制定、修改或者决定的有关劳动报酬、工作时间、休息休假、劳动安全卫生、保险福利、职工培训、劳动纪律以及劳动定额管理等直接涉及职工切身利益的规章制度或者重大事项方案，提出意见和建议。

（二）**审议通过权**。集团职代会应审议企业集团民主管理制度实施办法；审议企业集团集体合同草案、专项合同草案、企业年金方案、住房制度改革方案；审议职工奖惩办法、劳动模范推荐人选等重大事项。在审议的基础上，进行投票表决，形成通过或不通过的决议。国有及其控股企业集团产权转让、合并、分立、改制、解散、破产实施方案中职工的裁减、分流和安置方案也应当经集团职代会审议通过。

（三）**监督评议权**。集团职代会应监督企业集团及所属基层单位建立和健全完善职代会和厂务公开等民主管理制度情况；监督企业集团职代会决议贯彻执行情况和提案落实情况；审查监督企业集团及所属基层单位执行劳动法律法规和劳动规章制度的情况；审查监督企业集团及所属基层单位履行集体合同的情况；民主评议集团职工董事、职工监事。国有及其控股企业集团应当通过集团职代会民主评议集团领导人员。

（四）**民主选举权**。集团职代会应依法选举或罢免企业集团职工董事、职工监事；选举集团职代会专门委员会

（小组）成员；选举依法进入破产程序企业集团的债权人会议和债权人委员会中的职工代表；选举法律法规规定或者企业集团党委、行政与工会协商确定应当由集团职代会选举产生的其他人员。

（五）法律法规赋予职代会的其他权利。在推进企业集团改革改制过程中，特别是在国有企业集团推进混合所有制改革过程中，要重点规范改革调整重大事项的集团职代会审议建议程序。涉及企业集团改革调整的重大事项，应当通过集团职代会履行审议建议权的民主程序，提出意见建议。所属基层单位在此基础上细化方案，提交本级职代会审议并履行相应的民主程序。要重点规范涉及企业集团职工切身利益重要事项的集团职代会审议通过程序。涉及企业集团职工安置等职工切身利益的重要事项，应当通过集团职代会严格履行审议通过权的民主程序，根据所属基层单位实际，提出统一要求与分类指导相结合的原则，表决通过后实施。所属基层单位按照集团职代会决议细化方案，提交本级职代会审议通过后实施。

五、扎实推进集团职代会制度建设

（一）加强组织领导。各级工会要提高思想认识、主动担当作为，突出问题导向，把推行集团职代会制度摆上重要位置，善于借助厂务公开协调领导机构、劳动关系三方协调机制等平台，营造协同推进的良好氛围，积极稳妥地推动集团职代会制度建立健全。

（二）**强化分类指导**。各级工会要紧密结合实际，根据不同企业集团在产权结构、管控模式、组织规模方面的差异，推动符合建制条件但尚未建立职代会的企业集团抓紧建立集团职代会制度，认真落实职代会职权；推动已经建立职代会的企业集团继续完善制度、理顺关系、规范运行、彰显效能。

（三）**统筹谋划落实**。各级工会要加强制度设计，按照本意见要求，结合自身实际，制定完善配套政策或实施措施，注重加强对典型经验的总结推广，形成整体推进的工作态势，为推行集团职代会制度营造良好舆论环境和社会氛围。

本意见也适用于由多个子公司、分公司组成，多层级管理的集团性质企业。

图书在版编目（CIP）数据

企业集团公司多级职代会实务手册 / 周永宝编著. —
北京：中国工人出版社，2022.1
ISBN 978-7-5008-7861-2

Ⅰ. ①企…　Ⅱ. ①周…　Ⅲ. ①职工代表大会制–中国–手册
Ⅳ. ①D922.56-62

中国版本图书馆CIP数据核字（2022）第022033号

企业集团公司多级职代会实务手册

出 版 人　王娇萍
责任编辑　赵晨羽
责任印制　栾征宇
出版发行　中国工人出版社
地　　址　北京市东城区鼓楼外大街45号　邮编：100120
网　　址　http://www.wp-china.com
电　　话　（010）62005043（总编室）
（010）62005039（印制管理中心）
（010）62382916（工会与劳动关系分社）
发行热线　（010）82029051　62383056
经　　销　各地书店
印　　刷　三河市东方印刷有限公司
开　　本　850毫米×1168毫米　1/32
印　　张　6.5
字　　数　120千字
版　　次　2022年3月第1版　2022年3月第1次印刷
定　　价　30.00元

本书如有破损、缺页、装订错误，请与本社印制管理中心联系更换
版权所有　侵权必究